포레스트 웨일 공동 작가

그리움은
이별을 닮아간다

최나연 | 이겸 | 남화정 | 류광현 | 연지 | 꿈꾸는 쟁이 | 김유신 | 설린 | 마림
명량소녀 | 이연화 | 류령 | 글 새벽 | Starlit w | 강대진 | 참새 | 김한결
김지빈 | 이나라 | 김상현 | 김영훈 | 이서윤 | 김주환 | 신정현 | 동네과학쌤
이소은 | 최이현 | 편련 | 한제이 | river_dia | 한유나 | 글쓰는 몽상가 LEE
갈곳 | 이노 | 안현희 마리스텔라 | 숨이톡 | 고원(혜린) | 조현민 | 백작(白作)
공대시인 | 주변인 | 昀[햇빛 윤] | 영지현 | 이다솔 | 아낌 | 이상현 | 마음률
벚꽃 숲 | 최이서 | 해원[전갈마녀] | 비온담 | 회색 | 휘연 | 김예빈 | 박서연
하형정 | 안세진 | 승현 | 루미영 | Elise | 새벽(Dawn) | 손아정 | 문순천
김감귤 | 기정윤 | 하나언 | 오렌지움 | 사워렌 | 반 | 소예찬 | 하린
김혜지/헬리아 | 김종이 | 너리 | 백희원 | 임영균 | 유 연 | 송련희 | 배성빈
윤아정 | 김감귤

FOREST
WHALE

차례

포레스트 웨일

공동 작가

그리움

그리움의 외장하드

20대 초반, 처음으로 집을 떠나 자취를 시작했을 때,
설렘보다 막막함이 더 컸다.
그때 마음이 잘 맞던 친구를 만나
밤새 고민을 털어놓고,
사소한 일에도 함께 웃었다.
때로는 울면서도 곁을 내어주었다.

내 10대의 버킷리스트에는 '밤바다 보기', '밤새 수다
떨기', '낯선 동네 맛집 탐방하기' 같은 서툴지만 소중
한 소망들이 적혀 있었다.
그 절반 이상을 그 친구와 함께 이뤘다.
바다 냄새, 새벽 공기, 낯선 골목길.
그 순간들은 모두 우리였다.

지금은 각자의 길을 걸어가지만,
그때의 기억은 여전히 내 안에 단단히 남아 있다.
우리는 서로의 20대,
서로의 청춘을 담아낸 외장하드였다.

가끔 혼자가 된 밤이면
그 장면들이 불쑥 떠오른다.
빛이 바랜 사진처럼, 그러나 아프도록 선명하게.
다시 돌아갈 수 없다는 걸 알기에
그리움은 더 깊숙이 스며든다.

그리움은 이별을 닮아간다

내려앉은 밤

어느 저녁쯤이었어 하늘은 여러 가지 색으로 물들었고 나는 그 총천연색의 빛들에 눈이 부셔 눈을 감았지. 소파 위에 놓여있던 쿠션에 살짝 기대 걸터앉았어. 눈을 지그시 감고 종일 바쁘고 치열했던 시간을 곱씹어 봐. 아프기 그지없던 말들과 속상했던 행동들이 쉴 새 없이 차올라.

이러다가 결국 며칠 뒤면 터져버리고 말겠지. 나도 알아, 바꿀 수는 없다는 걸, 그래도 '내가 조금만 더 용기가 있었더라면 이렇게 찰랑 만큼의 감정이 되지는 않았을 텐데' 하고 부질없는 생각을 해봐. 바보 같지만 이게 지금의 최선이야. 하늘도 이제 까맣게 물들고, 별 하나 없는 까만 밤하늘은 반달에서 하현달로 변해가는 달만 밝게 빛나고 있어. 가끔 꿈속에서 너를 봐. 너는 항상 날 포옥- 포근하게 안아주고는 뒷모습을 보이며 떠나가지. 그래도 그 모습조차 좋아서 아직도 마음에 너라는 기억의 파편이 남아서 그렇게라도 위로받고 싶어서 오늘도 꿈속에서라도 널 만나길 바래. 안녕 잘 자.

때늦은 바람

요즘은 누가 좀 안아줬으면 좋겠다 싶은 날,

내 겨울이 사라질 만큼
얼은 손이 녹을 만큼.

너는 여름의 뜨끈한 바람 같은 것이어서
지칠 때쯤 찾아와 살랑살랑 불어오고는 했었지.

어느 날,
뭐해? 라는 말을 받은 날에는

보고 싶다는 말보다
더 진하게 와닿는 날이 되었지.

하늘을 올려다보다 구름이 보인다거나
아직 빛나지 못하는 달이 보이는 날에는
그래서 네가 문득 그리운 날에는

약속이나 한 듯
네가 불어와서

밤과 새벽의 틈을 비집고
날 또 헤집고
바람처럼 사라졌지.

아,
오늘 밤은 또 길겠구나
또 새벽이겠구나
그리고 옅은 아침이 찾아오겠구나
다시 그리움이 길어졌구나

한탄해 봤자 소용없었지
이미 떠난 바람인데 잡을 수가 없었지

그리움은 이별을 닮아간다

그리움의 꽃

너를 향한 그리움을 달래려

내 안의 붉은 꽃을 피워봐

내게서 붉은 꽃잎이 떨어지고 있어

그걸 본 너는 당장 달려와 내게 괜찮냐고 묻겠지만

지금 내게 그 말을 해줄 사람은 아무도 없어

이제는 내 눈에서 떨어지는

하얀 꽃잎으로 너를 기다려

점점 쌓여가는 흰 꽃을 바라봐도 너는 돌아오지 않아

네가 그리운 만큼 더 많은 꽃들을 피워낼 뿐이야

내 꽃이 디 자라기 선에 놀아와 줘

보고 싶어

허상

돌아올 너를
하염없이 기다려
새벽의 고요만 남은 지금
잠을 자지 않고
네가 돌아올 문만 바라봐

저 멀리서 네가 오는 소리가 들려
드디어 너를 볼 수 있어
그토록 보고 싶은 너에게 손을 뻗어
하지만 손은 허공을 휘저을 뿐이야

이건 나의 꿈이구나
다시 눈을 뜨니 보이는 건 아무것도 없어
이젠 돌아오지 않을 너를 기다릴게

그리움으로 전하는 메시지

밤하늘 별빛에 너를 적어 보내
닿을 수 없다고 해도 혹시 들릴까?
스쳐 간 바람에 담아 불러보는 건
아직도 네 이름, 내 마음속의 기도야

못다 한 말들이 마음에 쌓여서
끝내 흘러내린 눈물이 되어
너에게 가길 바라는 작은 소원처럼
오늘도 난 너를 불러

그리움으로 전하는 메시지
혹시 네 마음에 닿을까
멀리 있어도 변하지 않는 마음
내 사랑은 아직 그대로야

너에게 닿길, 너에게 닿길 바란다.

사진 속 웃음은 변하지 않는데
나만 멈춰 서서 널 기다리나 봐
세월이 흘러도 잊을 수 없는 건
내 안에 남은 너의 따스한 온기야

혹시 너도 나처럼 기억에 머물러
내 이름 한 번쯤 불러주고 있니
답할 수 없어도 난 기다릴 거야
이 그리움 끝에 네가 있기를

그리움으로 전하는 메시지
어느 날 네 하늘에 닿아서
외로운 밤을 밝혀 줄 별이 되어
다시 널 지켜줄 수 있기를
그날이 오길, 그날이 오길 바란다.

아직도 널, 사랑하는 마음으로
오늘도 편지를 띄워 보낸다…

그리움은 이별을 닮아간다

능소화

내 앞에 있는 능소화란 꽃을 보며
너를 그리워하고 있다.

전에 일들을 곱씹으며 또 한 번,
지금의 감성과 예전의 감정을 느끼며 또 한 번.

아무리 생각하며 그리워해도
이미 돌아갈 수 없는 강을 건넜다는 걸 알기에

가끔씩 널 원망하기도,
능소화를 원망하기도 한다.

능소화는 왜 꽃말이 그리워하다일까.
너는 나에게 왜 이 꽃을 선물했을까.

또 한 번 곱씹으며 하루를 마무리한다.

추억

햇살이 스며들던 그날
한 장의 낡은 사진처럼
내 마음속에도
여전히 그때의 웃음이 남아 있어

시간이 흘러도
한 톨의 기억조차 잃어버리지 않은 채
기억하는 것이,
그 순간이 내게
작은 행운이었기 때문이겠지.

오늘의 나를 떠받치는 건
어쩌면 아득한 추억일지도 몰라

운동화

어디든 갈 수 있을 것 같았고
그래서 너무 많이 걸었고
결국 바닥부터 닳아버렸어

하지만 이상하게
그때의 나는
그 낡은 흰 운동화를
가장 예뻐했어

너라는 그리움

마지막 인사도 없이
갑작스럽게 멀리 떠난 너여서
널 더 그리워하는 걸까?

내 삶이 너무 힘들고 버거운데
하소연할 네가 곁에 없어서
널 더 그리워하는 걸까?

오랜 세월이 흐른 지금도 여전히
널 그리워하고 있는 내가 있다는 걸
넌 알려나 몰라

네가 모른다고 해도 상관없어
네가 있는 그곳에 가는 날까지
나는 너라는 그리움을 품고 살아갈 테니까

기다리는 그리움

제가 기다리고 기다리는 그리움은
바로 당신입니다.

언제 만날지도 모르는
당신을 하염없이 기다리고
끊임없이 그리워하는 게
제가 할 수 있는 유일한 것입니다.

길고 긴 기다림과 그리움 끝에
제게 찾아오는 당신과의 짧은 만남은
순간의 찰나일 뿐...
뒤돌아서면 또다시 기다릴 수밖에 없는
긴 그리움으로 변하지만, 그래도 괜찮습니다.
기다리는 그리움이 바로 당신이니까요.

피어나는 그리움

꽃이 피어나듯이
너라는 그리움은
시들지도 않고
내 마음속에
계속 피어난다.
너라는 그리움이 피어날수록
나는 네가 더 그립고 그립다.

마음에 새기다, 그리움

저무는 노을이 시간의 붓으로 하늘을 칠할 때,
그대는 내 가슴에 새겨진 문신이 됩니다.

지울 수도, 감출 수도 없는 아릿한 사랑의 흔적.
추억은 빛바랜 필름처럼 낡았으나
돌려볼 때마다 선명해지는 영혼의 영상.

그리움은 시계추처럼 쉬지 않고
내 마음의 가장 깊은 곳을 왕복하며
침묵의 노래를 부릅니다.

그대의 부재는
별이 사라진 밤하늘처럼 막막하여,
나는 홀로 슬픔의 미로를 걷습니다.

매 걸음마다 숨겨진 보석처럼
그대와의 순간들을 발견하지만,
결국 닿을 수 없는 신기루임을 깨닫지요.

눈물은 마르지 않는 강물이 되어 흐르고,
이 강물의 종착지는 오직 그대라는 바다뿐입니다.

그리움은 나를 지탱하는 숨 쉬는 공기이며,
내 심장에 박힌 투명한 못과 같습니다.
아파서 살아있음을 느끼게 하는
가장 잔인하고 아름다운 은총입니다.

그러니 나는 이 그리움이라는 십자가를 지고
영원히 마음의 성전에 그대를 모십니다.
그대는 나의 영원한 등대이자,
내 삶의 가장 깊은 울림이니까요.

그리움은 이별을 닮아간다

회상

오늘 꿈에 그리운 그때가 생생히 그려졌더니
그 그리운 때가 얼마나 소중했는지
잊어가던 나에게 다시 한번 알게 되었다.

우리 모두가 매일을 행복하게 보내도
뒤돌아본다면 어느 순간들을 그리워하지만
그 순간이 그만큼 소중하기에, 즐거웠기에
돌아가고 싶은 마음이 들어 그립다 느끼는 것 같다.

그렇기에 모두가 미래에 다시 보고 싶은,
후회가 아닌
그리움을 만들어가는 하루를 보내면 좋겠다.

향수(鄕愁)

그날의 거리엔 향이 가득했다

높게 맑은 하늘과
습하지 않은 가을바람과
별일 없는 한적한 여유와
주름지지 않은 나의 꿈
그날의 향이 나를 데려간다
문득 마주한 서늘한 바람이
뜨겁지도 차갑지도 않게
내 마음을 헤집는다

주름진 나의 나날이
추억으로 펴진다
기억의 향은 연기처럼 피어올라

금세 또 사라져 버려
자욱할 땐 언제고

찰나 같아 포근한
할머니 품이 그리워
붙잡아도 붙잡히지 않을
주름진 나의 가을아

널 잊지 못한 그리움

자주 보고 또 못 보지만서도
그리움이 더욱 남는다

그림자처럼 따라다닐 거 같지만
그 곁에서 머물러 주면 안될까라고
말하지도 못한 그리움의 눈물이 흐르고 흐른다

널 더 이상 못 볼까 봐 잊쳐질까봐
마음속 깊이 남기고 또 남기다

널 진심으로 잊지 못한 그리움 마음을
서투른 마음으로 불안하고 하지만 그리움을
글로라도 남긴다

그리움만 남긴 채

바람이 분다.
촉촉하게 볼을 스쳐 지나간다
그날의
입맞춤처럼
부드럽게 닿아
잔잔하던 마음에
파도를 일으켰다

언제쯤이면
괜찮아질까
언제쯤이면
널 볼 수 있을까

그리움만 남긴 채

바람처럼 스쳐 간 너를
그리워하는 나

사랑이었을까
그저 스쳐 가는 바람이었을까

그리움은 이별을 닮아간다

그리움에 물든 사랑

너를 찾아 헤매던 날
발이 아프도록 걷고 또 걸었어
물집이 터지고 피가 났어
얼마나 걸었는지
어디를 걸었는지
무작정 너를 찾아 헤매었어

비가 오는 날에도
어둠이 몰려온 밤에도
너의 흔적을 찾아
너와 나의 추억이 깃든 곳을
찾고 또 찾았어

너의 모습을 찾을 수 있을 거라 생각했어

어느 곳에서도 너를 찾을 수 없었어
어디로 간 건지
자꾸만 악몽을 꾸게 되었어
내게 전부였던 너를
잊는 게 두려웠어
잊고 싶지 않았어

영원히 함께 하자던 약속
기억하고 있을까
여전히 널 기다리며
그리움으로 얼룩진 수많은 날을
너를 찾아 헤매고 있는 나를
바라보며 울지 말고 얼른 와서 안아 줘
바보야

기다림의 종착지에서

너와의 시간이 마지막 역에 도착했다

이제는 가야 한다는 걸 알면서도
쉽사리 떨어지지 않는 발걸음

종착지의 텅 빈역에서
돌아오지 않을 너를 기다린다

다시 돌아올까,
다시 만날 수 있을까,

헛된 희망임을 알지만
오늘도,
내일도,

그다음 날도,

잊지 못한, 잊을 수 없는 그리움 속

너를 기다린다

그리움은 이별을 닮아간다

빗

결대로 쓰다듬으면 잠시 따스해지고,
거슬러 쓰다듬으면 상처가 배어든다

다시 빗질해 결을 맞추어 보지만,
흩어진 마음은 쉽사리 고르지 않는다

이젠 내 손엔 낡은 빗 하나만 남아,
어디에도 닿지 못한 채 허공을 헤맨다.

그리웠다고

너를 그리워한다고
말했다가

괜히 네가 생각이 나서
눈물 흘리곤 했어

가장 소중했던
너를 잃고 나서야
깨닫고 말았어

스쳐 지나간 풍경에
너와 함께한 순간이
당연하지 않았다는 걸

가장 많이 사랑했던 너에게
보내는 마지막 문장

그리워하다
너를 떠올렸다고

너를 그리다

푸름 밤 너를 떠올리는 밤
무수히 많은 감정이 떠오르고

결국은 네가 생각나
추억을 그리워해

너와 나눈 대화
함께 했던 모든 순간들이

너를 그리다
잠들고

눈을 뜨고
아침이 와도

너를 계속 그리다

또 하루가 지나

떠올리다

수많은 별빛들이 춤을 추는 날
'같이'라는 단어에
흥겹게 춤을 춘다.

밤이 저물어 가다가
'같이'라는 말 한마디에
멈춰 버린다.

또 다른 날,
맑은 하늘이 바람과 함께
흥겨워 소리를 내면,

'같이' 너와 함께하지 못했던
내가 너를 떠올리다가

끝내 하루를 너 생각으로 끝낸다

오늘도 말이야.

그리움의 자리

하루가 가고
또 하루가 와도
그대 없는 시간은
늘 멈춰있는 것 같다

문득 바람이 스칠 때
그대 이름이 흩날리고
낯선 풍경 속에서도
그대 흔적이 피어난다

잊으려 할수록
더 선명해지는 얼굴
그리움이란게
이토록 잔인 한것임을

보고 싶다는 말
한번만 더 꺼내면
모든 게 무너질까 두려워
나는 오늘도
침묵 속에서
그대 그리움을 부른다

이별,그리움

이별은 끝이 아니라
그리움의 또 다른 이름이었다

멀어지는 발자국 소리 속에
나는 아직도
너의 온도를 기억한다

잊겠다고 다짐한 날에도
그대의 미소가 불현듯 피어나고
다시 다짐한 밤엔
그리움이 나를 무너뜨린다

사랑은 멈췄는데
그리움은 아직 자란다

손끝 닿을수 없는 거리에서도
우리의 시간은 흐르고있다

언젠가 누군가의 곁에서
웃고 있을 그대지만
나는 여전히 그때 그 자리에서

너를
사랑하며 그리워하고 있다

그리운 내 친구에게

나에겐 그리운 친구가 한 명 있다. 가장 그립지만 만나지 못하는 친구. 오랜 친구, 내 마음을 유일하게 이해해 준 친구. 그 친구와 헤어진 나이는 고작 고등학생 때였다. 친구 윤은 툭 내뱉듯이 말한다.

-나 자퇴 할 거야.

친구 윤의 말에 나는 먹던 음료수를 뿜었다. 윤은 더럽다며 장난스럽게 말했다. 하지만 내 목소리는 떨렸다.

-뭐? 왜?

윤은 울먹이지도. 슬퍼하지도 않았다. 그저 담담한 말투로 말한다.

-이제 내 인생을 살 거야.

-네 엄마가 허락해 주셨다고? 우리 엄마나 너네 엄마나 공부만 신경 쓰잖아.

내 말에 윤은 살짝 웃는다. 그렇게 웃으며 말한다.

-몰라. 이제 신경 안 써.

윤의 표정에 두려움 따윈 없었다.

윤의 눈에는 오히려 내일에 대한 기대감만이 있었다.

윤은 자리에서 일어난다.

-네 엄마 이제 나 만나지 말라고 할걸? 자퇴한 애 만나지 말라고 할 거야. 그러니까 이게 우리의 마지막 만남인 거지.

나는 윤의 말에 아무런 말도 할 수 없었다.

윤은 어느새 저 멀리 걸어가고 있었다.

나는 윤을 부를 수도 잡을 수도 없었다. 그저 윤의 뒷모습을 바라볼 뿐이었다.

그리고 바람처럼 어떤 감정이 불러왔다.

-...부럽다.

엄마는 윤을 못 만나게 했고 나는 더 이상 윤을 볼 수 없었다. 가끔 엄마는 윤에 대해 함부로 말했다.

-걔는 인생을 망친 거야.

하지만 내 생각은 달랐다. 윤은 자신의 꿈과 자유를 찾으러 간 게 아닐까.

윤의 sns에는 행복해 보이는 얼굴만 보였다. 윤이 부러웠다.

그리고 나는 직감 적으로 알았다.

'윤을 다시는 못 만나겠구나.'

윤은 자신의 자유와 행복을 향해 간 것이다.

이제 나는 무엇을 해야 하는가. 나는... 뭘 해야 하는 거지? 그렇게 어른이 되었다.

좋은 대학에 들어갔고 평판도 좋은 사람이 되었다. 엄마는 나를 자랑스러워하시며 말했다.

-그래. 윤은 인생을 망쳤지만 너는 잘 살잖아. 공부가 답이야.

하지만 나는 안다.

인생을 망친 건 나라는 것을. 윤이 아니라.

나를 위한 선택을 하나도 안 한 내가 망친 거라는 것을.

외로움이 커져 갔다. 윤이 그리웠다.

오늘따라 더 보고 싶은 윤이었다.

그 아이는 잘 살고 있을까?

하지만 나는 안다.

'윤은 자기 나름대로 행복하다는 것을'

추운 겨울.

계속 생각나는 이름은.

그리움은 이별을 닮아간다

'윤.'

그리움은 이별을 닮아가는 구나.

그리운 윤에게 이 이야기를 남긴다.

그게 윤과 나의 그리움이자 이별이었다.

쌀쌀한 공기가 내 얼굴을 때렸다.

아.

청춘이었다.

어떤 그리움은 모양을 띈다

어떤 그리움은 고양이의 모습을 띈다.
야옹- 야옹-
부드러운 털이 내 몸을 스치는 느낌이 난다.

어떤 그리움은 강아지의 모습을 띈다.
멍멍멍. 멍멍멍.
앉은 다리의 왼쪽이 체온으로 따뜻한 느낌이 난다.

어떤 그리움은 컵의 모양을 띈다.
폴폴~ 따뜻한 김이 보인다.
컵의 옆구리에 가만히 손을 대본다.

어떤 그리움은 모양을 띈다.
어떤 사물로도. 어떤 추억으로도.
그리움은 모양으로 내게 온다.

봄과 그리움과 향기

꽃피우는 계절이 오는구나.
이미 져버린 내게도 아직
그대를 그리는 마음은 남아 있는가.

스쳐 드는 꽃향기가
나의 가슴속에 들어차니
과거의 숨소리가 들릴 듯하다.

그대.
부디 그 자리에 있어 다오.
세찬 겨울에 눈을 덮고 기다렸다면
내가 얼른 가서 녹여줄 테니.

꽃피우는 계절과
스쳐 드는 꽃향기가
나를 피우고 그대를 깨운다면
기꺼이 봄을 누려야지 않겠는가.

우린 서로 사랑한 적 없지만

하루도 널 떠올리지 않았던 날이 없었다.
지금이야 네가 어떻게 지내는지
궁금해하지도 않게 됐지만
그래도 웬만하면 슬프기보단 즐거웠으면 싶고,
사람들과의 크고 작은 마찰에
크게 상심하지 않았으면 싶다.
단 한 번도 이야기한 적 없지만 나는 널 많이 좋아했다.

마음이 힘들어지는 날엔 어김없이 네가 떠오른다.
이젠 겨우 일주일에 한두 번 네가 떠오르지만,
내 마음이 버거워지는 날엔 너의 안부가 참 궁금하다.

예전에 마음을 나눴던 사람들과의 문자가
괜히 가슴 한편을 시큰하게 했다.
우린 서로 사랑한 적 없지만
나는 너를 참 많이도 좋아했다.

그 성을 가진 당신

그대는 기억이 만든 허상인가요?

언제나 내 곁에는 그대가 있는데
난 그대를 만질 수 없네요

그대가 없는 자리에 남아
그대 이름을 불러요
그대, 그대, 그대
아무리 불러도 돌아오지 않는데
난 그대 이름을 불러요

그대는 기억이 남긴 잔상인가요?

언제나 내 눈앞에 그대가 있는데
난 그대를 붙들 수 없네요

그대가 떠난 자리에 남아
그대 이름을 불러요
그대, 그대, 그대
아무리 불러도 돌아보지 않는데
난 그대 이름을 불러요

그대, 그대, 그대
그리워, 그리워, 그리워
그대 이름은 이제 그리움이 되었어요

그리움은 이별을 닮아간다

너와 걷던 바다

주제 : 우울증을 앓던 친구에 대한 그리움

오랜만이지? 건너 건너 들었어, 너는 이제 괜찮다며. 다행이다. 아주 예전에 우리같이 걸었던 바다 있잖아. 나는 가끔 그 해변을 혼자 걸어. 좋더라. 우리 같이 걸을 때는 꼭 마지막 지점까지 함께 걸어갔잖아. 그것도 아쉬워서 또 반대로 걷고, 또 걷고. 나는 그때 저 멀리 뻗은 해안선만큼이나 너의 우울이 길어서, 그 끝을 결국 보지 못하겠구나 싶었거든.

내가 너를 찾아갈 때마다 우리는 꼭 해변을 걸었어. 너에게 시원한 공기도 쐬어주고, 드넓은 바다를 보고 있으면 기분이 제법 좋아질 거로 생각했거든. 나는 네 품 안에 자리 잡은 깊은 바다를 한 줌이라도 퍼내려고 너랑 걷고 또 걸었어. 적어도 네가 나랑 같이 걸을 때면 그 바다에도 조금은 햇볕이 드는 줄 알았거든?

근데 나랑 걸을 때 잠깐 거쳤던 구름은 네 삶 속에서

하루도 쉬지 않고 바다에 비를 뿌려대고 있었던 거지. 나는 그것도 모르고, 네 얼굴에 비치는 잠깐의 햇살이 좋아서 함께 해맑게 웃곤 했어. 나도 참 바보 같지? 네가 그 순간의 미소를 보이려고 안간힘을 쓰고 있는 줄도 몰랐어.

그래도 이젠 너도 자연스럽게 웃을 수 있을 거라 믿어. 나는 아마 언제 볼 수 있을지 모르겠지만 말이야.

사람이 매일 웃고 살 수는 없을 거야. 그건 나도 마찬가지고. 누구나 그렇잖아. 삶이란 게 잠깐 행복하고 자주 힘들곤 하잖아. 그래도 때때로 웃어보자, 우리. 억지로 입꼬리를 올리고, 세상 걱정 하나 없는 사람처럼 그렇게 바닷물 다 마를 때까지 햇살을 내비쳐보자.

나도 이제 바다엔 그만 갈래. 바다 없이도 너를 떠올릴 수 있고, 또 네 생각에 어디서든 웃을 수 있으니 나에겐 이제 바다가 필요 없겠다. 너 사는 곳에도 바다가 없다며? 그거 잘됐다. 너, 온통 바닷속에 갇혀서 살았었잖아. 이제는 비가 언제 왔는지도 모를 마른 땅에 발 디디고 살아. 그러다 가끔 비가 오면 '아, 내가 네 생각 하나 보다' 하고 넘겨버려. 잘 지내. 나도 그럴게.

추억

기억하지 못하는 사람들
그래도
마음으로 그리워하는
사람들

추억이다

다신 돌아가지 못하는
그래도
울고 웃었던 그리운
시간들

추억이다

시간의 흐름이

불현듯

찾아올 때

그리움

추억이다

그리움은 이별을 닮아간다

그리움의 단편

나는 오늘
말이 아닌 것들로 너를 기억했다

젖지 않은 물컵
반쯤 마른 수건
자꾸만 미끄러지는 젓가락
닦지도 못하고
씻지도 못한 채
그저 바라보기만 했다

움직이지 못한 건
내가 아니라 이 기억들이었고
그 고요가 가장 먼저
너를 데려오곤 했다

나는 아직
네가 걷던 발의 높낮이로 길을 건넌다

너 없는 하루에도
너처럼 하루를 접으며
습관이 버텨주는 동안에는
너를 들키지 않고 살아갈 수 있으니까

그리움은 얼굴을 잊고
습관을 기억한다는 말
이제는 네 얼굴은 흐릿하지만
나는 여전히
문 앞에 신발을
너처럼 벗고 놓는다

무언가를 찾을 때면
나는 자꾸
네가 있던 쪽부터 본다
없다는 걸 알아도
시선이 먼저 널 향하고
균형은 그다음에 무너진다

침묵은 대화보다 길고
대화보다 더 명확하다

그리움은 이별을 닮아간다

소리 없이 떨어지는 물방울이
끊기지 않는 물소리인지
네가 흘리고 간 문장인지 모를 때
나는 고개를 숙이고
그 밑에 앉아
물도 아닌 감정에 젖는다

너는 마지막에 무슨 말을 하고 갔더라
장면은 또렷한데
그 말은 남아 있지 않다
아마
내가 듣지 않으려 했기 때문일지도

나는 겨울 내내
네가 말한 것보다
말하지 않은 것들을 곱씹었고
숨 사이에 남겨진 조각들을
하나하나 붙잡고 있었다

그날 너의 보조개에 빠지던 내가
지금 겨울 틈새 어딘가에 묻혀 있다면

그건 참 다행이겠지

사람이 사라지고
가장 먼저 희미해지는 건 목소리였다
그다음은 걸음걸이, 말버릇, 눈빛
그리고 가장 마지막이 향기,
나는 그 순서를
아직도 선명히 기억한다

가장 미치는 건
네가 없어진 이후에도
나는 여전히
너에게 잘 보이고 싶어 한다는 거다

시간은 앞으로 갔는데
내 손끝은
아직 너를 만질 때 멈춰 있고

손목 밑 깊은 흉터
바지 뒷주머니
기억도 없이

몸이 먼저 반응하는 지점들
그리움은
아주 작고 끝이 없는 파도처럼
모서리마다 살아 있다

그래서 나는 너를
단편으로만 꺼낸다
숨이 붙어 있을 정도의 길이로
한입 크기의 기억으로
삼키지 않아도 되는 문장으로

네가 흘리고 간 말 하나
나는 그것을
지금도 말리지 못한다
햇빛 아래 널어도
비린 감정만 묻어나는
이 그리움은
다 말라버린 기억 속에도
끝끝내 눅눅하게 스며 있는 것들이다

그래서 가끔은

네 이름을 부른다
누구에게도 들리지 않게
혹시 네가 어딘가에서
그 울림을 기억하고 있다면

그건 기적일 테고
나는 그런 기적을
믿는 쪽이니

우리는
헤어지는 일에도 서툴러서
아무 날에도 인사하지 못한 채
그냥 서로의 계절만
다르게 살아버렸구나

이름은 흐려졌는데
심장은 아직
네 쪽으로 기운다

그렇게 너는
영원히 잊히지 않을 그리움의 단편

그리움은 이별을 닮아간다

별을 삼킨 소년

밤이 오면 우물가에 앉아
밤하늘을 올려다보던 소년은
파란 하늘을 우러릅니다.

별이 하나… 둘…… 셋………
.
.
.

우물 속에 떨어지는 것을 보다가
그만 반짝이는 별 하나를 삼켰다.

목구멍을 타고 내려가는 그 빛은
가슴 깊은 곳에 가 한가운데 박혀
심장을 밝혔습니다.

그리움이란 이런 것입니까?

삼켜버린 별은 토해낼 수도 없고
다시 하늘로 돌려보낼 수도 없어

소년은 밤마다
가슴에 손을 얹고
별빛이 새어 나오지 않도록
조심조심 걸어갑니다.

희석

목마를 때 바닷물을 마시면 안 된다는 걸 알면서도, 다시 나는 바닷물을 마신다.

갈증은 지식보다 강했고, 그리움은 이성보다 완고했다.

그렇게 나는 사랑이란 웅덩이에 그리움을 섞었다.

진한 커피에 물을 붓듯, 너무 뜨거운 것에 식힘을 더하듯, 지나간 사랑에 그리움을 조금씩 떨어뜨렸다.

그리움을 한 방울 더할 때마다 사랑은 옅어지지 않고 오히려 부풀어 올랐다.

마른 스펀지가 물을 머금듯, 잠들어 있던 씨앗이 이슬을 만나 싹을 틔우듯,

사랑은 그리움을 양분 삼아 다시 살아났다.

그렇게 부풀어 오른 사랑을 안고 시간이 흐른다.

함께 웃던 농담이, 다투던 날의 목소리가, 옷에 스며 있던 향기가 공기 중으로 흩어졌다.

사소한 기억들이 하나둘 증발했고, 나는 그것을 망각이라 불렀다.

드디어 사랑이 옅어지고 있다고 믿으며, 안도했다.

하지만 감정의 바닥을 보았을 때, 나는 숨을 멈췄다.

물기 어린 기억들이 모두 증발한 자리에는,

이전보다 훨씬 작지만 비교할 수 없을 만큼 진하고 무거운 사랑의 결정체만이 남아 있었다.

부피는 줄었지만 농도는 독처럼 짙었다.

그제야 깨달았다.

사랑은 기화되어 사라지는 것이 아니었다.

시간을 먹으며 제 본모습으로 응축될 뿐이었다.

내가 했던 모든 희석의 시도는 그 응축을 지연시킬 뿐, 멈추게 하지는 못했다.

이제 나는 더 이상 희석을 시도하지 않는다.

증발을 기다리지도 않는다.

짙으면 짙은 대로, 묽으면 묽은 대로, 이 사랑의 농도를 있는 그대로 받아들이기로 했다.

다만 가끔, 아주 가끔, 나는 이 작은 결정체를 혀끝에 올린다.

독이 되지 않을 만큼만, 견딜 수 있을 만큼만. 그리고

그리움은 이별을 닮아간다

그 맛이 쏩쓸하면서도 달콤하다는 것을,

뜨거우면서도 서늘하다는 것을, 고통스러우면서도

아름답다는 것을 조용히 인정한다.

어떤 것들은 희석되지 않는다.

그냥 그렇다.

어느 순간 나는 또다시 그리움을 붓고 있다.

마치 오래된 실험을 계속하듯, 사랑이라는 물질의 변

화를 끝내 멈추지 못한 연구자처럼.

우리의 봄

오월이 다가왔음에도 여전히 선선한 바람이 불어. 우리가 좋아했던 겨울보다는 확실히 해가 길어져서 출근길부터 햇볕이 따사롭더라. 어렸을 때는 벚꽃이 지고 새순이 올라오면 그 초록색이 볼품없이 느껴졌었어. 그런데 이제는 나무들의 푸르름이 얼마나 나에게 설렘을 주는지 넌 알까? 늘 말없이 과묵했던 너는 내가 종알종알 이야기할 때마다 고개를 끄덕이며 들어주고, 종종 고개를 들어 하늘과 나무를 바라봤지. 그리고 내가 이야기를 마치면 다 끝났냐고, 열심히 말하느라 고생했다며 얼굴을 쓰다듬었어. 내 손을 스리슬쩍 잡아 라일락이 핀 곳으로 데려가 향기를 맡아보라고 얘기했지. 그때 라일락 향기를 아직도 잊지 못해. 마치 너한테 그 꽃향기가 나는 기분이었달까. 우리는 그렇게 하염없이 걷기만 할 때도 많았어, 그치. 별다른 이야기를 나누지 않아도 너와 내 볼을 스쳐 지나가는 바람으로 우린 연결되어 있었어. 새소리를 들으며 한없는 평온함을 느끼기도 했지. 이제는 초록 나무를 보며 이름은 뭔지, 여름이 언제 오는지 작고 소소한 질문을 주고받을 수 있는 너는 없어. 그럼에도 여전히 너는 내 기억에 머물러 있으니까, 내 마음속에 있으니까 오늘도 너를 추억하며 살아.

비

많은 비가 내리는 날이었다. 내 감정 같았다. 몇 번이고 반복하며 너에 대한 감정을 정리하려고 애쓰다가도, 꿈에 네가 한 번 나오기라도 하면 쏟아지는 그 그리움과 비슷해 보였다. 그동안 나의 감정을 추스르기 위해 노력했던 것들이 한순간에 의미 없어지는 순간이었다. 그럴 거면 그냥 마음 편히 그리워할 걸 싶었다. 비가 오면 곳곳에 물웅덩이가 생기듯 내 마음엔 또다시 잦은 상처가 생겼다. 그리워서 생긴 상처. 해가 뜨고 날이 맑아지면 언제 비가 왔냐는 듯 땅은 마르겠지, 그럼 그땐 내 마음도 다시 괜찮아질까. 아무 일 없다는 듯 굴 수 있을까. 그렇기에는 내 마음에 비가 휘몰아쳐 버린 상태다. 오늘도 쏟아지는 감정 속에 잠 못 드는 밤을 맞이해야 한다.

안부

오늘 오후에 하늘 봤어? 아침에는 어둡고 흐리더니 비가 그치면서 하늘이 엄청 많이 맑아진 거 있지? 뭐랄까. 너에 대한 그리움으로 모든 게 막힌 것처럼 캄캄했던 내 마음도 같이 씻어지는 기분이었어. 여전히 너를 떠올리기는 하지만, 이제는 너를 생각하다 우는 일은 거의 없어. 여전히 네가 내 생각은 할까 궁금하긴 하지만, 이제는 더 이상 너에게 연락하진 않아. 슬픈 노래 대신 밝은 노래도 듣고, 우울한 생각보단 즐거운 에피소드들을 떠올려. 그래도 나는 너를 사랑했던 걸 후회하지 않아. 우리가 이별하고 나선 매일이 지옥 같았어도 우리가 함께 마주하고 웃고 안아줬던 시간들은 꿈보다 더 행복했으니까. 글 쓰니까 괜히 보고 싶긴 하다. 잘 자. 내일은 너는 네가 있는 곳에서, 나는 내가 있는 곳에서, 더 행복하자.

망상 낭만 칵테일

모래 알갱이들이
발가락 구석구석을
간지럽히며 흘러내린다.

한참을 걷다 보니
우리의 청춘이 파도에 밀려와
온몸을 철썩 적신다.

당신과 함께
눈빛 하나로 속삭이던 오후.
잔잔한 웃음 너머로
쓴맛 살짝 묻어 있는
석양 한 모금, 함께 나누었다.

망상의 바다
허무와 낭만이 겹겹이
쌓이는 이곳.

망상이었을까.
낭만이었을까...

나는 다시
파도 너머 당신의
긴 그림자를 따라 태연히 걷는다.

우리는 그렇게 다시

뜨거운 태양 아래
반짝이는 물결은 끊어짐이 없다.

흩어질 듯 이어지는 순간
다시, 또 하나로 이어지는 시간.

우리는 그렇게 다시, 잇는 거예요.

마음과 마음이, 시간과 시간이,
당신과 내가.

흩어질 듯 이어지는 시간
다시, 또 하나로 이어지는 순간.

우리는 그렇게 다시, 잇는 거예요.

「　」

늘 그래왔던 일이지만, 2년 전부터 항상 내 베갯잇은 눈물 젖어 있었다. 오늘따라 더, 엄마가 그리웠다. 보고 싶었다.

엄마가 돌아가시기 전에 한 번이라도 더 웃는 모습을 보여줬더라면, 한 번이라도 더 좋은 음식을 맛보여 드렸더라면, 한 번이라도 더 좋은 곳에 갔더라면, 조금, 아주 조금이라도 나았을까?

돌아가시기 전에 짜증이라도 안 냈더라면, 그랬다면 지금 좀 덜 울 수 있었을까.

눈앞을 비추는 따스한 빛에, 나는 눈을 떴다.

"딸! 밥 먹어! 오늘 일찍 나가기로 했잖아. 엄마가 너 좋아하는 오므라이스 해놨어!"

엄마의 목소리가 들려왔다. 밖으로 나가니, 케첩으로 그려진 빨간 하트와 노란 계란 이불을 덮고 있는 예쁜 모양의 밥이, 접시에 가지런히 놓여 있었다.

"고마워 엄마! 오늘 같이 놀러 가기로 했었잖아, 엄마
는 어디 가고 싶은 데 있어?"

엄마는 부엌에서 고개를 돌려 나를 바라봤다.

"응? 엄마는 딸하고 같이 가면 아무 데나 다 좋아. 근
데 바다가 좀 가고 싶기는 하네. 딸은 어때?"

"그러면 우리 바다 가자!"

나는 밥을 먹으며 답했다.

밥을 먹고, 나갈 준비를 하고, 차에 타서 한참을 달리
고 나니 어느새 푸른 빛이 감도는 바다 앞에, 우리는
서 있었다.

"너무 예쁘다. 우리 딸이 언제 이렇게 커서 엄마한테
이런 것도 해 주네."

엄마는 바다를 바라보다가, 내게 말했다.

우리는 함께, 파도 소리를 들으며, 행복하게, 웃었다.

순식간에 조용해진 청각과, 검은 방 안에서, 나는 깨
어났다. 고요한 방 안에, 내 숨소리만이 적나라하게
들려온다. 눈가가 축축했다.

보고 싶어, 엄마.

태양 아래 가장 무력한 나는

태양 아래 가장 무력한 나는
뜨는 해를 보며 단잠을 그리워하는 나는
무엇을 그리워하는지도 잊은 나는

초조함
이 밤 찰랑거리는 머릿속을
비워내지 않으면 곧 증발해 버릴 것만 같은

불안감
하루를 가득 채우지 못했다는
아직 하루를 끝내면 안 될 것만 같은 그런

태양 아래 가장 무력한 나는
귀뚜라미 소리 들으며 그리워하는 나는
단잠을 그리며 오늘도 불면을

혹부리

나는 혹부리입니다
감출 수도 있는 이 혹을 나는
종종 아무렇지 않게
꺼내어놓고는 당당한 나는

이것쯤은 나에게 어떤 자극도
아무것도 무리가 없다는 듯이

종종 아무렇지 않게
꺼내어놓고는 당당한 나는

혹이 달린 사람을 보고는
눈살을 얇게 뜨고는
마치 거울을 보는 듯한 이질감에

눈살을 얇게 뜨고는

이상한 일이지요
나는 혹부리입니다

느껴본 적도 없는 자유에 나는
그리움을 느끼는 나는

나는 혹부리입니다

한 치의 그리움

죽음의 순간 나는 생각합니다
눈앞이 아득해 점점 타들어 가는 듯 사라지고
온몸의 감각 전체가 모두 깨어났다가 다시 잠드는 과
정을 거치며

'창조'

언젠가는 꼭 나의 손에서 이루어내리라 생각했던 모
든 것들
내가 달려가고 있던 목표점이 아닌
바로 옆에 떡하니 기다리고 있던 그 들판을 나는

그리워합니다

아이러니한 일이지요
나는 한 번도 가본 적이 없던 그 들판을 나는
그리워합니다

닿을 듯 말 듯 달려가던 그 길의 끝에는 무엇이 있었
을까요
나는 한 치의 아쉬움도 없습니다
그 끝을 보지 못했다는 사실
소멸을 앞둔 지금 아무런 의미조차 남지 않습니다

나는 그리움을 느낍니다

사랑했던 것들이 아닌
사랑하고자 했던 것들
작은 아쉬움으로 남겨졌던 모든 희망들
재가 되어 사라지는 모습을 보며

기도

일상의 일부였던 서로가 이제 각자의 삶을 찾아 발걸음을 옮겨 나아가는 중이야. 그렇게 사랑해 마지않던 우리에게 이별은 너무나 버거웠고, 서로를 그리워하다 다시 연인으로서 재회했던 그 시간마저 이젠 기억 속 파편으로 남아있어.

문득 당신의 목소리가, 눈빛이, 온기가 사무치게 그리워지면, 나를 헤집는 감정들로 목이 메어와 조금 괴롭기도 해. 우리의 연애는 너무나 뜨거웠고, 그 열기에 서로 화상을 입었나 봐. 그 상처가 아물고 새살이 돋는다고 해도 당신과의 행복함을 잊지 못할 것 같아.

너무나 사랑했고, 서로를 지키지 못하는 절망으로 이별을 선택했지만. 당신을 원망한 적 없으며. 당신이 잘 지내길 바라. 서로의 말과 행동이 상처를 줄까 아폼이 되지 않을까 조심했던 연인이었기에, 너무나 사랑했기에 보내주어야 함을 알고 붙잡지 못한 바보라서 당신을 그리워하며 몰아치는 감정을 글에 녹여보려 해. 당신만은 아프지 않길, 나만큼 힘들지 않길, 잘 챙겨 먹고, 쉬이 잠드는 밤들이 되길 그렇게 연인이 되기 전 평안하고 안온했던 삶으로 되돌아갈 수 있길. 그때가 사무치게 그리워질 때마다 그대의 행복을 위해 기도드려.

모든 나날의 행복함이 당신을 감싸길 바라며.

바람에 떠내려가는 작별 인사

그리움은 항상 바람처럼 내 곁에 남아
찬 바람으로 나의 감각을 건들며
과거를 추억하게 하네

영원할 줄만 알았던 이별의 감정은
어느샌가 그리움으로 바래져 버린 탓에
그 본질을 잊어버린 듯하였으나

바람이 불 때면 가끔은 생각하곤 하네
낙엽이 떨어질 때면 종종 생각하곤 하네
이 바람도 어느샌가 멈추겠노라고

그대를 잊길 바라는
내 바람도 어느샌가 멎겠노라고

다시 만날 그날

어디선가 까치 울음소리가 들린다.
까치가 울면 반가운 손님이 온다던데
차가운 바람에 울음소리가 왠지 서글프게
느껴진다.

문득 작년 이맘때쯤 추억이 떠오른다.
안개와 습기를 적당히 머금은 공기,
추운 듯 시원한 듯한 선선한 바람,

마주 잡은 손, 수줍은 눈 맞춤만으로도
설렘 가득했던 그날의 온기가 그립다.

지금은 잠시 떨어져 있지만
첫 만남, 첫 설렘의 순간은

여전한 그리움으로 남아있다.

까치의 울음소리가 점점 가까이 들리고
소리가 커지면 커질수록
그리움의 농도는 더욱 짙어진다.

그리움에 사무쳐 울고 싶은 내 마음처럼,
까치 너도 누군가에 대한 그리움으로
그리 울었던 걸까.

아련함이 그리움으로,
그리움이 쌓여 기다림이 되고,

사랑이란 이름으로 완성될 때,
우리의 시간은 다시 시작된다.

그리움은 이별을 닮아간다

어떤 그리움

시원한 바람이 분다.

내가 가장 좋아하는 계절은 가을의 끝자락에서 겨울이 막 시작되려는 그 중간쯤이다.

그런데 올해 가을은 유난히 비가 많이 온다. 나는 비를 싫어한다. '비를 사랑하는 협회'에서 항의한다고 해도 어쩔 수 없다.

사랑하는 연인과 장기 연애를 이어갔을 시절, 새로울 것 없이 반복되는 데이트와 습관처럼 연락하는 메시지들이 자연스러운 일상이었던 그때, 나와는 달리 그는 설렘이 바래진 연애에 권태로움을 느끼고 있었다.

미묘하게 달라진 그의 시선, 무심한 말투를 애써 외면하며 위태로운 시간을 이어갔다. 그러던 어느 날, 가을이 겨울의 문턱을 넘어서는 무렵이었다.

비가 세차게 내리던 그날.
내가 일하는 회사 근처에서 함께 점심 데이트를 하기로 했었다. 폭포수처럼 쏟아지는 비에 옷이 다 젖어버려 그는 짜증 섞인 표정과 투정을 했다.

미안한 마음과 서운한 마음이 동시에 들었고, 서로 즐겁지 않은 적막한 점심시간을 보냈다. 버스 정류장에 그를 데려다주며 인정하기 싫은 현실을 받아들이게 됐다.

그는 나와의 연애에 싫증을 느끼고 있었다.
우리의 설렘과 추억은 오랜 시간 동안 쌓여 익숙함과 편안함이 되었지만, 결국 지루함으로 변해가고 있었던 것이다.

버스를 타고 떠나는 그의 뒷모습, 거세게 휘몰아치던 비바람, 흐르는 눈물과 비는 한데 엉켜 옷을 몽땅 적셔버렸다.

우리의 인연은 끝났지만, 그날의 차가운 공기와 빗소리는 여전히 마음에 남아있다. 비를 싫어하게 된 것도 그날 때문이지만, 이상하게도 비 오는 날이면 그때의 순간이 문득 그리워진다.

1522

1522

올라가지도 내려가지도 않는 쌩목소리
가사 따위 보지 않고 부르던 너의 노래

1522 란 숫자를
어떤 이의 전화번호로,
출근길에 차량 번호판으로 마주하면,

조용히 너를 불러내
내 시간들 속에서 널 마주한다.

왜 그랬니.
왜 그래야 했니.

지금의 너는 후회하니?

가장 아픈 슬픔은 비명조차 침묵으로 흐르는 것
나의 후회와 혼잣말이 부르는 너의 마지막.

이제는 그 이름도,
그 얼굴도 아닌
네가 남긴,

1.5.2.2. 경아.

그리움이 내린다

갑자기 후드득,
쏟아지는 소나기처럼
예고도 없이
사무치게 보고 싶다

가만히 눈을 감고
내리꽂는 감정의 빗줄기에
정수리를 내어준다

쓰나미처럼 밀려드는 추억에
잠시 호흡곤란이 오지만
짓누르는 먹구름은
멈출 생각이 없다

잠식당한 채 허우적대다

넘치는 그리움이

결국 볼을 타고 흐른다

계수나무 향기에 머문 날

가을빛 한 편
서 있는 계수나무,
노란 잎을 바람에 흩날리며
달콤한 향기로 나를 부른다.

잎사귀가 떠난 자리엔
오랜 시간을 견뎌낸 흔적이 내려앉고,
햇살 속에서 반짝이는 상처를
향기로 덮는다.

나는 알았다.
이별이 슬픔만을 남기지 않는다는 것을.
사랑이 다한 자리엔
빛 하나, 향기 하나

조용히 머문다는 것을.

누군가의 마음 한편,
가을이 깃든 자리.
그는 떠나고
나는 계수나무 아래 서서

빛이 머물고, 달디단 향이 머물러
흩어지지 않기를.
가을 햇살 속에
나의 사랑이
오래도록 머물러 있기를.

그리움이 그리워져도

그리움이 그리워지는 날에는
그대가 있어 좋습니다.
떨어지는 잎새 뒤로 추억 한 장이
바람 타고 내려오는 미소입니다.

그리움이 그리워지는 밤에도
그대가 있어 좋습니다.
쏟아지는 별빛 아래 편지 한 장이
써 내려간 마음을 웃게 합니다.

깊어지는 사랑이 그리움 되어
떠오르는 그대가 가사가 되고
뭉클한 가슴에 안길 때마다
사랑스러운 눈빛을 마주합니다.

보기에도 아까운 마음이고요
보면서도 아껴둔 가슴입니다.

그리움이 그리워지는 지금도
그대가 있어 다행입니다.
하늘 아래 두고 온 마음 하나가
그대라는 이름으로 남겨집니다.

그리움이 그리워지는 날에는
그대가 있어 다행입니다.
손끝으로 그려진 사랑이라서
잊히지 못하는 그대입니다.

짙어진 그리움

쏟아지는 빗속으로
당신 오시나 봐요.
고여지는 곳마다 그리움 고여
손끝으로 당신을 그려봅니다.

젖어 드는 가슴으로
당신 왔나 보네요.
스며드는 마음이 기다림 되어
보이지 않아도 그려집니다.

한, 두 번 그리우면 당신이 오시나요?
일곱 지나 여덟 되면 당신도 보이나요?

낙엽 지는 소리가 짙어질수록
떨어지는 그리움이 물이 듭니다.

붉게 물든 마음 하나
당신인가 보네요.
사랑하는 당신이 잎새가 되어
내 마음에 차곡히 쌓여갑니다.

바람 불지 않기를 바라도 보고
흩날리지 않도록 끌어안으며
 당신이 오시면 꽃비로 내려
같이 걷는 그 길은 꽃길입니다.

그리움 속 당신은 사랑입니다.
그리움도 내게는 사랑입니다.

그리움

그리움이 지나치면
내가 아파요
그리움이 약해지면
기억이 옅어져요

이러나저러나
난 아파요
그러니까 차라리
지나친 그리움으로
말라갈래요.

너를 못 본 지 오래됐다

너를 못 본 지 오래됐다.
시간이 얼마나 흘렀는지도 가끔은 헷갈릴 만큼 그리
움이 일상 속에 자연스럽게 스며든 지 오래다.
하루를 시작할 때 문득 떠오르는 건
그때의 너의 웃음소리다.
별다를 것 없는 대화였는데도
그 웃음 하나로 하루가 따뜻해졌던 기억이
아직도 내 마음 어딘가를 밝혀준다.
계절이 몇 번 바뀌었는지 셀 수도 없을 만큼 너 없는
날들이 쌓여가고 있다.
그사이 나는 조금 더 어른이 되었고
조금 더 무표정해졌다.
하지만 이상하게도 너를 생각하는 순간만큼은 그때
의 나로 돌아가곤 한다.
너를 그리워한다는 건 결국 그 시절의 나를 그리워하
는 것일지도 모른다.

너와 함께 있던 그 시간 속의 나

그 웃음과 온기를 잊지 못하는 마음

지금은 네가 어디에서 어떤 하루를 보내는지도 모르
지만 그리움이라는 이름으로 나는 여전히 너를 마음
에 품고 산다.

보고 싶다고 잘 지내냐고

그 한마디를 전할 수 없는 게 아직도 서툴다.

너를 못 본 지 오래됐지만

마음속엔 여전히 너의 그림자가 있다.

희미해질 듯하다가도

밤하늘의 별처럼 다시 선명해지는 존재

어쩌면 그리움이란

잊히지 않아서 아픈 게 아니라

그때의 따뜻함을 잃고 싶지 않아서

붙잡고 있는 마음인지도 모르겠다.

오늘도 문득

너를 못 본 지 오래됐다는 사실이

나를 잠시 멈춰 세운다.

그리움이란 참 묘한 감정이다.

보이지 않아도

그 존재만으로 마음을 움직이니까

버려도 옆에 있을 거예요

버려도 옆에 있을 거예요
절대 버리는 일 없어요

버리지는 않았습니다
연락도 없었습니다

옆에 있을 거라 했는데
그 옆은, 혼자만의 마음이었나 봅니다

그리움이 옅어질까 봐
그리움이 잊어질까 봐
주고받았던 카톡을 간직합니다
대꾸 없는 카톡을

사정이 있겠거니
생각할 뿐입니다

카톡 방 상단 고정을 해제했습니다
맨 아래로 방은 숨었습니다

매 순간 생각나던 그도 점점 희미해집니다
또다시 카톡 방이 위로 올라갈까...

별 탈 없이 잘 지내고 있을 거라고
아프지 말라고 빌어봅니다
버려도 옆에 있기로 했으니까요

괴리감

사진 속의 나는 늘 웃고 있다
잊지 않으려 억지로 펼친 입꼬리가
햇살 한 조각처럼
빨래집게에 매달려 있다

사진 속의 나는
한 손에 여름을 쥐고 다른 손으론
아직 오지 않은 겨울을 기다리는 중이다

나는 그때 아무 걱정도 아무 비밀도 없이
한 컷 안에 갇혀 있다

사진을 내려다보는 지금의 나는
아무리 웃으려 해도

입꼬리가 뻣뻣하게 굳어 있다

빛에 반사된 옛 표정이
이제는 나를 비추지 못한다
나는 자꾸 사진 속의 나를 도려내
내 오늘 속에 껴넣어 본다

그러나 딱 맞게 끼워지지 않는다
나는 사진 속의 나에게
계속 불러본다

오랜만이야.
괜찮니..
아직도 나니..
대답 없는 빛
입술에 걸린 미소

나는 결국 사진의 구석에서
나를 빼내지 못한 채
하루를 덮는다

그리고 오늘에서야 배운다

괴리감이란 사진과 내가
서로를 기억하는
서로를 모르는
아주 얇은 투명한 벽이라는 걸

주문

엄마 식당 한쪽에서
앞치마 끈이 길게 끌리던 날
나는 빈 접시에 입을 대고 말했다.
주문이요!

물 한 컵도 새로 탄 별처럼 반짝이던 시절
해가 몇 번 바뀌고
나는 그때의 엄마 나이가 되어
점심 한가한 틈에 카운터에 서서
조금 장난스럽게 그러나 또렷이 말한다
주문이요.

소금은 어제처럼 웃음은 그대로 주세요.
엄마가 접시를 덮으며

손님 대하듯, 아이 대하듯 웃는다.
시간이 흘러, 나는 또 엄마의 나이가 되었다

메뉴판 대신 차트가 세워지고
벨 대신 초록 선이 오르내릴 때
간호사가 식사 확인표를 낮게 읽는다
"미음, 반 공기"

나는 고개만 끄덕이고
들리지 않게 한 마디를 꺼낸다

주문이요..
"그때의 온기 한 그릇
오늘 버틸 힘 반 접시.."

그렇게 받던 입에서 건네는 손으로
한 숟갈의 시간이 뒤집힌다.

나는 오늘도 숟가락 등 쪽에
얇게 비친 우리의 저녁을 살짝 건져 올리며

속으로 외친다.

엄마가 낫기를..
그때의 우리가 한 번만 더 오기를..
돌아갈 수 없다는 걸 알면서도
나는 오늘도 주문을 건다.

그리워지고 싶지 않아

그리워지고 싶지 않아 애써 다른 것들과 부딪친다.

그리워지고 싶지 않아 더 시간을 바쁘게 보낸다.

그리워지고 싶지 않아 떠오르는 생각과 마음을 무시한다.

그리워지고 싶지 않아 흐려지는 시야를 흘려보낸다.

그리워서 무언가에 홀린 듯이 빠져 살아가고

그리워서 애써 아무렇지도 않은 척 담담하게 넘긴 듯이 행동한다.

그리워서 내뱉고 싶었던 말을 더 꾹꾹 삼켜가고

그리워서 더 부정하며 시간선을 간신히 붙잡아본다.

투영된 그리움

나를 보며 누군가 생각이 난다고 한다

누군가를 닮은 나를 생각한 걸까
나를 통해 그 누군가를 생각한 걸까

무엇이 중요할까
기억 속에 그만큼 남아있다는 거 아닐까

함께 탔던 그네

아무도 없는 놀이터를 바라본다

상상 속에서 그네가 움직인다
누구와 탔던 기억일까

그립다는 마음은 분명한데

밤에 찾아온 그리움

하루가 저물어간 후, 하늘이 다 캄캄해졌을 때
그리움이 나를 찾아와 나의 어깨에 내려앉았다.
부드럽게 쓰다듬어주면서 나에게 물었다
"오늘 옆에 있어도 될까?"
나는 미소를 지으며 그리움을 반겼다
"오늘 오길 잘했어. 내 옆에 있어 줘."
그리움은 따뜻한 품으로 나를 끌어안아 줬다.
그리고 감미로운 목소리로 속삭여 줬다.
"그때가 기억나? 참 좋았었지?"
나는 그리움과 함께 기억 속으로 여행을 떠났다.
새벽이 다가오자 꿈 나라가 나를 불렀다.
그리움이 졸린 나의 얼굴을 보며 말했다
"잘 자. 해가 뜰 때까지 옆에 있어 줄게."
나는 따뜻한 그리움의 품속에서 잠들었다.
그리움이 행복한 기억을 떠올리게 해 줘서 고마웠다.
그리고 그리움이 다시 올밤을 기다렸다.

추운 비

내리는 비가 유난히 서늘한 건
나만의 마음결 때문일까요
잠결에 걷고 일어나 씻는 동안에도
입에 닿는 샘물조차 싸늘하기만 하네요

그대 없는 이 자리,
빈 품새에는 외마디 바람결만 돌고
따스해야 할 아침마저
빗소리와 자동차 소리에 가려 조용히 식어갑니다

말없이 흐르는 시간 속,
그대 숨결은 이제 머무르지 않고
내 마음 언저리에 그리움만 고이 내려앉아
온종일 가슴속을 적시네요

이렇게 추운 비는

그대를 향한 그리움 되어

멎을 줄 모르고

하루 내내 나의 마음에 내립니다

아무래도 나는 너를

주머니에 손을 넣어
휘저으면 공허 한 줌

자잘한 부스러기라도
간직하고 싶은 미련

손을 빼지 못한 채
그 자리에 묵묵히 선 나

구부정한 그리움
어둠에 더 익숙한 감각

너를 떠올리느라
고개를 들지 못한다

그날을 남긴 종잇조각
모서리는 세상의 끝

잘린 글씨로
희미한 안녕

머리칼을 헝클며
지나가고 지나가는 널

나는 아직도
설명하지 못한다

그리움은 이별을 닮아간다

빛바랜 흔적

그리웠던 흔적을 찾아
풀 내음 맡으며 걷는
숲속 오솔길에선
평온하게 느껴지는 바람과
새들 지나가는 소리만이
그곳을 가득 채우고 있었고
그때의 흔적은 보이지 않았다

너무 늦어버린 것일까
빛바랜 이야기들은
어떤 곳을 걷는다고 해도
이젠 찾을 수가 없이
간격이 너무나 멀어져
알 수가 없게 돼버렸기에
그저 하늘 위 구름 사이로
너를 그려본다.

후회

다양한 말은

각기 다른 사람들이 모여

살아가는 삶의 방식에 대한

다채로운 이야기가 되기도 하지만

겨울 닮은 아주 시린

시들어버린 꽃의 이야기가 되기도 한다.

어떤 이야기를 하고 싶은가? 묻는다면

싫든 좋든 살면서 들어온 한 페이지 빼곡한

모두 들 가진 이야기가 하나의 주제를 바라보지 않지만

같은 계절을 겪어봤음은 분명하다.

할 말을 하지 도 않고 끝나버린
직접 했던 말을 후회하기도 하는

참아서 후회 한날과 말이 앞서 창피한 날의 대결은
오늘도 과연 누가 승리할지
그 결말은 내일의 내 기분이지 않을까?

만나기를 기도합니다

저렇게 많은 사람들 중에서 그가 나를 바라보았다.

그 눈과 마주친 나도 그를 똑바로 바라보았다.

고등학교 2학년 때 그게 그와의 첫 만남이었다.

눈을 마주친 우리는 그 이후로 계속 만남이라는 우연
히 생겨서 같이 붙어 다니게 되었다.

그의 이름은 최한별.

남들의 부러움이란 시선을 다 주목받을 수 있는 외모
에 시원한 바다를 머금은 듯한 푸른 눈동자를 가지고
있었다.

이름도 별이라는 단어가 들어가서 반짝임을 생각했
는데 외모까지 반짝이자 별 자체가 내 눈앞에 있는
것 같았다.

한별이와는 즐거운 학교생활을 보낼 수 있었다.

힘들거나 즐거운 일을 공유하기도 하고 학교 행사가

있을 때마다 같이 지내기도 하며 같이 밥을 먹으면서 매일매일을 즐거움으로 채워나갔다.

늘 이런 식의 행복이 있었다면 좋겠지만 우리가 같이 보내는 시간이 깊어질수록 이별의 시간은 빠르게 찾아왔다.

때는 우리가 만난 후 2년이 되는 날.

졸업식 때의 일이었다.

각각의 관심사가 달랐던 우리는 결국 다른 대학에 지원해 갈라서게 되었다.

한별이는 기뻐 보였지만 한편으로는 쓸쓸해 보이기도 했다.

나도 한별이와 같은 마음이었지만 내색하지는 않았다.

마지막의 만남을 눈물로 끝내고 싶지 않았기 때문이었다.

"그럼, 잘 지내 소망아."

"응. 너도 잘 지내."

짧다고 하면 짧은 이별의 말.

그것을 마지막으로 한별이는 밝음 속으로 사라지고 나는 애써 흘러나오는 마음을 억누르기 위해 마음속 어두운 곳으로 사라졌다.

이 마음을 다 정리하기 전, 내 마음을 어둠으로 끌고

가기 전에 마지막 단 한 번만이라도 다시 보고 싶어 한별이를 바라보았다.

한별이는 친구들과 밝게 웃고 있었다.

마음은 아팠지만 슬퍼하는 것보다는 나았다.

멈출 수 없는 눈물 때문에 눈앞이 흐릿해지고 있었다.

마지막까지 한별이를 내 눈에 담고 싶었지만 결국 그러지 못하고 눈물 한 방울이 내 볼을 타고 흘러 내려갔다.

***

그렇게 정다운 시간을 다시 보낼 수 있을까.

눈을 뜨니 해는 이제 막 뜨려고 하고 있었다.

꿈에서 느꼈던 슬픈 감정을 현실에서도 느꼈던 건지 눈에는 눈물이 맺혀있었다.

한별이와 헤어지고 수없이 많은 시간이 흘렀다.

대학에 입학하고, 또 졸업하고, 새 직장을 찾을 동안 한별이와 다시는 만날 수 없었다.

소식조차도 듣지 못했다.

나는 침대에서 일어나 창문 밖을 바라보았다.

헤어져도 한 번쯤 만날 수 있을 거라고 생각했는데

그 어떠한 소식도 들을 수 없었다.

정말 내가 그때 느꼈던 것처럼 너는 빛 속으로, 나는 어둠 속으로 사라진 걸까.

한별이와의 추억은 이제 흐릿하다 못해 사라지고 있었다.

선명하게 기억나는 추억이라고는 언제나 꿈에서만 보는 풍경뿐.

그와의 첫 만남과 보내던 시간 그리고 이별까지.

딱 그 부분만 꿈에서 뚜렷하게 기억하고 있었다.

즐거운 추억 놔두고 왜 그런 추억만을 기억하나 싶었지만 그 궁금증은 버린 지 오래였다.

이제 해는 아침이라고 부를 수 있을 정도로 높게 떠 있었다.

따스하지만 강렬한 햇살에 나는 잠시 찌푸리다가 미소를 지으며 창문에서 멀어졌다.

나는 오늘도 늘 그리워했던 추억에 관해 꿈을 꾸었다.

그 꿈 때문에 늘 눈물을 흘리며 깨어나도 불평은 없었다.

그게 한별이와 다시 만날 수 있다는 작은 인연이라는 실이라면 몇 번이고 꿀 수 있었고 몇 번이고 꾸고 싶었다.

너 하나 나 하나, 우리는 어디서 무엇이 되어야지만 다시 만날 수 있을까.

너를 그리워해

괜히 보고 싶고
괜히 쓸쓸하고
오늘이 그래

좋은 날 눈 부신 햇살이 미워서
지나는 다정한 사람이 부러워서

지금 네가 있었으면 해
그럼 나는
활짝 핀 미소로 너에게 달려가 안기겠지

아픔도 두려움도
너의 따스한 사랑 하나에
환한 꽃잎으로 피어날 거야

그래서 오늘은
보고 싶었다가
더 그리웠다가
다시, 또 보고 싶은....

내 마음은
일렁이는 바람 소리에도
너를 그리워하는
꽃잎이야

하얀 밤

달빛, 고즈넉함

그리고 깊어 가는
쓸쓸한 밤을 맞는다

하늘엔
달무리 진 보름달이
하얗게 빛나고

달이 구름 위에 겹치면

달빛 아래
그날의 달빛과
그날의 그리움

홀로 남겨진 나와
홀로 남겨진 이 시간에

떠오르는
너와 나의
하얀 밤 숲으로
깊이 들어간다

그리움이 된

얼핏 스친 순간,
내가 느껴지던 사람

다가오는 듯
멀어지는 듯
순간순간을 흔들던 사람

눈빛 표정 말투
무엇 하나 놓칠 수 없어
깊이깊이 새겼던 사람

멀어진 계절에서도
두고두고 그려지는 사람
선명하게 떠오르는
끝내 그리움이 된 사람.

안녕, 그리고 또 안녕

이럴 줄 알았으면
연락 좀 자주 할 걸.

뭐가 그리 바쁘다고,
1년 365일이라는 시간 동안
겨우 한 통의 연결음만 닿았을까.

그 통화가 마지막 목소리일지도 모른다는 걸
조금이라도 일찍 알아챘다면,
이렇게까지 미안하지 않았을 텐데.

그날,
휠체어에 탄 나이든 신사의 모습을
왜 더욱 오래 담아두지 못했을까.

아직도 좁은 골목을 지나
마주한 파란 대문을 열면
다정한 목소리로 내 이름을 불러줄
그 사람이 아른거린다.

꼭 그곳에 있을 것만 같은데,
오래된 문을 열고 들어서면
그 사람의 미소가 내게 닿을 것 같은데.

시간이라는 것은 참 야속하게도
가는 것만 할 줄 알고
돌아올 줄은 몰랐다.

바다라는 자연의 품에
당신을 흩날려 안겨주면

부디, 자유로이 세상의 따스함만을
받으며 어디든 누비기를 바라요.

그리움은 이별을 닮아간다

그리움을 한 번 더 식히는 계절

손등에 닿은 햇살이
조금씩 식어가고 있다.

계절은 깊어 가는데
마음은 무겁다.

생각해 보면,
이 계절이 오기까지
참 많은 안녕을 건넸다.

"잘 지내"라는 인사로
진심을 감췄다.

처음엔 아무렇지 않은 척 말했지만

사실은 자꾸 뒤돌아봤다.
아직 너와 맞닿은 손끝의
온기를 기억하고 있어서.

바람이 불어
밟히고 흩어지는 낙엽을 보니
마치 나 같았다.

천천히 무너지고,
그러나
다시 모양을 만들어가는,

가을은 늘 그런 계절이었다.
그리움을 한 번 더 식히는 시간.

그래서인지
조금 아프지만 괜찮다.
서늘한 바람 끝에
내 마음도 함께 물들고 있으니까.

그리움은 이별을 닮아간다

아직도 그대를 잃는 중입니다

숨이 들고 나며 가슴 한편에 여름을 토해냈다

네게 안겨 한참을 비틀거리던 솔샘길
두 뺨에 선연한 홍조를 띠고선 입 맞추던 이화동
줄 이어폰 하나를 나눠 끼고 지새운 달 뜬 밤

젖어가는 줄도 모르고 울컥 내뱉어진 여름은
마치 나를 따라오라는 듯 눈웃음을 내보였다

네가 살던 여름이 퍽 당연해진 까닭에-
네가 없는 여름이 몹시도 공허한 탓에-
그 길로 나는 너를 좇아 계절을 헤맨다

이따금 들이치는 너의 부재는 오롯이 나의 몫,

한평생 이고 갈 청춘이며 미련이다

길거리의 연인들은 저물었던 사랑의 껍데기를
주워 먹고 제각기 이유로 탈이 난다는데

부단히 닳아가는 호흡은 기어이 너를 마주하고서야
멎을 따름이니, 그렇게 나는 끝내 너를 앓을 운명인가
보다

그리움은 이별을 닮아간다

영원한 그리움

나를 힘껏 끌어안는 너의 애정이
그리워 마음 한구석이 아려온다

다정하고
세심하고
애정 깊은
네가 미워

나의 남은 사계는
매일이 겨울일 텐데
매일이 시릴 텐데
매일이 추울 텐데

영원히 지속될 겨울에 남겨질 나를

뒤돌아보지도, 젖은 눈으로 바라보지도 않아서
네가 미웠다

네가 그리워 울게 만드는
네가 너무나도 미웠다

이 그리움이라는 큰 파동을 일으킨
네가 미치게 미웠다

네가
얼어붙은 나의 마음을
다시 녹여주기를

네가
그리움에 묻혀있는 나를
품에 꼬옥 끌어안기를

그저 염원할 뿐
그저 기도할 뿐.

그리움은 이별을 닮아간다

나의 햇살이자 세상이었던 너에게,

진정한 그리움은 그립다고 이룰 수 없는 것이다.
이 감정을 그립다고 표현해도 될지,
널 보며 그리워해도 될지 고민이 될 때.
그 감정이 바로 진정한 그리움이다.

너에게 '보고 싶다'고 말할 수 있다면 그건 진정한 그
리움이 아니다.
하고 싶은 말은 많지만 '보고 싶다'라는 짧은 한마디도
선뜻 말하지 못할 때, 그게 바로 진정한 그리움이다.

네가 너무 그리워서, 또 너와의 기억이 너무 소중해서
한마디도 말하지 못하는 그게
바로 진정한 그리움이다.

나에게 너는 그런 존재다.

네가 그립다고 말하지도 못하는.

너와의 관계를 하나로 정의하기엔 너무 어려운.

넌 그런 존재다.

넌 정말 신기하게 나와 만났다.

혼자 있는 너를 보고 나는 지나치 뭐해 그냥 말 한마디 건넸을 뿐이었으니까.

그게 끝이었다.

말 한번 해 본 아이.

그렇게 너를 잊고 다음 날 다른 친구들과 이야기하고 있는데, 초콜릿을 건네주더라.

부끄러운지 내 실내화를 바라보면서 작은 목소리로 선물이라고 하는 너의 모습이, 네가 나에게 말을 걸기 위해 얼마나 노력한 것인지 느껴졌다.

너의 첫인상은 그런 아이였다.

워낙 여러 친구를 사귀길 좋아하는 나였기에, 너 또한 그 많은 친구 중 하나였다.

나랑 친한 친구들도 다 넓고 얕게 친구를 사귀었으므로, 이건 큰 문제가 되지 않았던 것 같다.

다만 다른 친구에게는 별 말을 걸지 않으면서, 매일 나한테 한 번씩은 꼭 말을 걸어주는 네가 눈에 밟혔다.

'애는 나를 좋아하나?'

싶었다.

그러다 우리 무리 아이들이 찢어지기 시작했다.
두 아이의 큰 싸움으로 인해 무리는 둘로 찢어져 버렸고, 그 둘 중 누구의 편을 들기도 애매했던 나는 중간에서 그들의 이야기를 묵묵히 들어줄 뿐이었다.

그러다 두 아이는 화해를 했고, 중간에서 양쪽의 이야기를 다 들어준 나는 여우짓을 한 나쁜 아이가 되어 있었다.
가만히 있다가 봉변을 당한 셈이었다.
이 소문을 넌 몰랐던 것일까?

반 아이들이 나를 보고 수군대도, 넌 개의치 않고 나에게 다가와 웃어주었다.

넌 그런 아이였다.
내가 무슨 소문이 있든 좋아해 주던.
나에 대해 관심이 많았으므로, 내가 무리에서 떨어져나간 걸 알면서도, 인기가 없어짐을 알았음에도 나를 아껴주던…
그런 아이.

저 사건이 있고 넉 달이 지났으려나.
내 걱정에 불구하고 넌 계속 내 곁을 지켜주면서 웃어주었다.
그 순간만큼은 이 시간이 영원할 것 같았지.

그다음 날, 어제까지만 해도 밝게 날 맞이해 주던 너는 갑자기 표정을 굳히며 나를 모른 척하더라.
그렇게 잘 지내고 있던 것 같았던 우리의 세계에는 금이 갔다.
너까지 나에게 정이 떨어진 것일까.

밤새워 고민해 보아도 답이 나오지 않았다.

손톱을 마구 물어뜯어서 피가 나도, 그 사실조차 모른
채 계속 손톱을 물어뜯었다.

두루두루 같이 지내는 게 좋다고 믿었던 나를 이렇게
집착하게 만든 건 왜인지 알 수도 없었다.
내가 아는 건 딱 하나였다.
넌 내 인생에 너무 많이 들어와 버렸고, 네가 없으면
안 된다는 것.

하지만 넌 내 고민도 모르는지 반에서 혼자 지내더라.
아이들과는 담을 쌓고.

'쟤네 싸웠나 봐.' 하고 비웃는 소리도 그 순간만큼은
아무 소용이 없었다.
나는 내 친구를 되찾고 싶었다.

그러던 어느 날, 네가 학교에 오는 날은 현저히 줄어
들었다.

기분이 좋아 보이다가 갑자기 화를 내는 널 보고 애들은 '지킬 앤 하이드'냐며 웃어넘겼다.

난 걱정이 되면서도 네가 싫어할까 봐 안부를 묻지 못했다.

그렇게 삐쩍 말라가던 너는 드디어 하루, 나를 보고 싱긋 웃어주고는 하교를 해버렸다.

그 웃음의 뜻이 뭔지도 모른 채 나는 다시 친해진 걸까 희망 고문을 했다.

내일 학교를 가면 먼저 인사부터 하기로 다짐하면서.

하지만 안타깝게도 우리에게 내일은 없었다.

넌 암으로 죽었다지.

너의 어머니가 눈물지으며 전달해 주신 편지에는 너무나도 익숙한 네 손 글씨가 가득 차 있었다.

본인이 죽을 걸 알면서 나를 정이 들게 할 순 없었다고…

나를 진정으로 사랑한다면 날 그리워하지 말고 인생을 살아 달라고…

그렇게 적혀 있었다.

그리움은 이별을 닮아간다

난 그걸 지키려고 노력했다.

내 인생을 열심히 살고 너를 떠올리지 않으려 했다.

하지만 가끔… 정말 가끔… 네 생각이 난다.

그립다, 내 친구.

널 그리워해서 미안해.

그해 우리는,

햇살이 쨍하던 어느 여름날, 우리는 우리 학교에서의 마지막 여름을 보내고 있었다.

유난히 더 덥고, 햇빛이 강하고, 숨이 막혔던 그해의 여름은 정말이지 잊지 못할 것이다.

그해 우리는, 덥다고 투정을 부리다가도 선생님이 주시던 아이스크림 하나면 궁시렁대던 입이 쏙 들어가곤 했었다.

그해 우리는, 준비물을 놓고 온 친구의 어머니가 준비물을 가져다주시며 사 오신 메로나 하나면 맛없는 급식도 금세 잊어버렸다.

그해 우리는, 더운 복도에서 노는 대신 동아리를 핑계

로 에어컨이 빵빵한 컴퓨터실에서 갈틱폰을 하며 놀았고, 가끔가다 동아리비로 간식을 사 먹었다.

그해 우리는, 비교적으로 더웠던 우리 반에서 놀고 싶지 않았기에 교무실에 질문을 핑계로 들어가 선생님과 몇십 분씩 수다를 떨다 나왔다.

그해 우리는, 더운 날씨에 옆 학교는 단축수업을 한다는데 왜 우리는 안 해주냐고 궁시렁대다가도, 수업이 시작하면 누구보다 열심히 필기를 시작하였다.

가끔은 그 더운 여름을 너무나도 기록하고 싶어 사진기를 들고 오기도 했다.
너무나 더웠던 만큼, 너무나 아름답고 또 찬란했던 우리의 여름을 기억하기 위해.

우리의 모든 추억은 방울방울 기억으로 남아 우리의 마음속에 자리 잡았다.
서로와 함께했던 시간과 그때의 기분은 마음속에 구슬처럼 방울방울 맺히기 시작했다.

당신들과 함께한 시간을 떠올리면 피식 웃음이 나올 정도로, 당신들은 내게 뜻깊은 여름을 만들어주었다.

그해 여름이… 나는 무척이나 그립다.
다시 돌아오지 않을 그해 그 여름을, 나는 남은 인생 동안 계속 그리워할 것을 직감할 수 있었다.
16살의 청춘을.
그때의 내음을.

막차가 끊긴 뒤

막차가 끊긴 뒤

버스가 끊긴 뒤
한참을 걸었다.
정류장의 불빛이 작게 떨며
서로의 그림자를 나란히 세워주었다.

도시의 끝자락에서
가로등 하나쯤은 꺼져 있어도 좋았다.
네가 웃을 때마다
바람이 골목을 건너며 별을 흩뜨려 놓았다.

그날의 공기는 아직도 젖어 있다.
한 단어씩, 말끝마다 물기가 번지고

그 빛을 다 담지 못한 눈으로
너의 옆모습을 오래 바라보았다.

이제는 기억도, 발자국도
다 말라버린 새벽이지만
그 밤의 온도만은
여전히 내 마음의 끝 정류장에 서 있다.

다시 돌아오지 않을 버스 시간표 위에
너의 이름을 적어본다.
그때처럼
아무 데도 가지 못한 채.

그리움은 이별을 닮아간다

그리움, 이별의 또 다른 이름

이별은 예고 없이 찾아온다. 아무리 마음의 준비를 했다 해도, 정작 그 순간이 오면 우리는 무너진다. 어떤 이별은 폭풍처럼 거세게 삶을 흔들어놓고, 어떤 이별은 가랑비처럼 조용히 스며들어 일상의 구석구석을 적신다. 그러나 어떤 형태로 찾아오든, 이별은 반드시 우리 안에 무언가를 남긴다. 그것은 상처일 수도, 공허함일 수도, 혹은 말로 설명할 수 없는 막연한 아쉬움일 수도 있다. 그리고 그 모든 것들이 모여 만들어 내는 감정이 바로 '그리움'이다.

이별은 끝을 말한다. 함께였던 시간의 종결을, 손 닿던 온기의 사라짐을, 익숙했던 목소리의 부재를 의미한다. 하지만 그리움은 그 끝에서 다시 시작된다. 사람들은 흔히 이별이 모든 것을 단절시킨다고 생각하지만, 실은 그렇지 않다. 그리움이 남아 있는 한, 관계는 완전히 끝나지 않는다. 누군가를 그리워한다는 건 여전히 그 사람을 마음속 어딘가에 품고 있다는 뜻이다. 눈앞에서는 멀어졌지만 마음속에서는 여전히 말을 걸어오는 존재, 그것이 그리움 속에 머무는 사람이다. 이별이 형태를 바꿔 그리움이라는 이름으로 우리 곁에 남는다.

그리움은 어쩌면 이별을 견디기 위해 인간이 만들어 낸 가장 따뜻한 감정인지도 모른다. 이별이 우리를 갈라놓는 차갑고 냉정한 현실이라면, 그리움은 그 상처를 어루만지는 마음의 체온이다. 그리움 속에는 여전히 사랑이 살아 있고, 미련이 숨 쉬고, 무엇보다 함께였던 시간의 온기가 담겨 있다. 그것은 단순히 과거를 돌아보는 행위가 아니라, 그 시간을 통해 지금의 나를 이해하려는 노력이다. 그리워한다는 것은 곧 기억한다는 것이고, 기억한다는 것은 그 존재가 여전히 내 삶에 의미를 지닌다는 증거다.

처음 누군가를 잃고 난 후의 그리움은 참을 수 없이 고통스럽다. 자꾸만 손이 닿던 곳을 바라보고, 들리던 목소리가 사라진 자리에 귀를 기울인다. 함께 걷던 길을 혼자 걸으면서 옆자리의 빈 공간이 너무도 크게 느

꺼진다. 익숙했던 일상의 모든 순간이 낯설어지고, 그 낯섦 속에서 부재가 더욱 선명해진다. 그때 느껴지는 공허함은 마치 가슴에 구멍이 뚫린 것 같아서, 숨을 쉴 때마다 바람이 그 빈자리를 통과하는 것만 같다.

하지만 시간은 그리움의 모습을 조금씩 바꾼다. 처음엔 날카로웠던 그리움이 서서히 둔탁해지고, 고통스러웠던 기억이 부드러운 추억으로 변한다. 처음엔 울음을 부르던 장면들이 이제는 미소를 머금게 하고, 아팠던 순간들마저도 따뜻한 그리움의 색으로 물든다. 이것이 바로 그리움이 이별의 또 다른 얼굴이라는 의미다. 같은 기억이지만, 시간이 흐르며 그 의미가 달라진다. 이별의 아픔이 그리움의 아름다움으로 익어간다.

우리는 살아가며 수많은 이별을 겪는다. 사랑하는 사람과의 이별만이 아니다. 우리는 어린 시절의 나와도, 지나간 계절과도, 어제의 나 자신과도 이별한다. 꿈꾸던 미래가 현실이 되지 못할 때, 소중히 여기던 것을 놓아야 할 때, 변해버린 관계 앞에 설 때, 우리는 또 다른 형태의 이별을 경험한다. 그 모든 이별은 우리 안에 작은 여운을 남기고, 그 여운들이 모여 '그리움'

이라는 감정의 강을 이룬다.

그리움은 우리가 살아 있다는 증거다. 그리워할 대상이 있다는 건, 그만큼 누군가를 진심으로 사랑했고, 무언가를 소중히 품었다는 뜻이기 때문이다. 아무것도 사랑하지 않은 사람에게는 그리움도 없다. 그러니 그리움이 가슴을 저리게 할 때, 그것은 내가 얼마나 깊이 사랑할 줄 아는 존재인지를 증명하는 것이다.

때로는 그리움이 너무 커서 현재를 견디기 어렵다. 과거가 너무 아름다워서 지금이 초라해 보이고, 잃어버린 것이 너무 소중해서 남은 것들이 의미 없어 보인다. 그럴 때 우리는 그리움을 억누르거나 잊으려 애쓴다. 차라리 기억하지 않는 편이 낫다고, 그리워하지 않으면 아프지 않을 거라고 스스로를 설득한다.

하지만 그리움을 없애려는 시도는 결국 자신의 일부를 지우는 일이다. 그리움은 내 안의 사랑이 지나간 시간 위에 남긴 흔적이다. 그것을 지워버리면 그 사랑도, 그 시간도, 그 시간을 살았던 나의 일부도 함께 사라진다. 우리는 그리움을 버리려 하기보다, 그리움과 함께 살아가는 법을 배워야 한다. 그리움 속에서 내가 얼마나 사랑할 줄 아는 존재였는지를, 얼마나 많은 것들에 마음을 주며 살았는지를 기억해야 한다.

나는 이제 안다. 이별이 나를 아프게 했던 건 사랑이 진짜였기 때문이라는 것을. 그리고 그 사랑이 진짜였기에, 지금 이 순간에도 나는 누군가를, 무언가를 그리워하며 살아간다. 그리움은 상처이자 동시에 선물이다. 그리움이 없었다면, 우리는 다시 사랑할 용기를 배우지 못했을 것이다. 그리움은 우리에게 말한다. 사랑은 끝나지 않는다고, 진심은 사라지지 않는다고, 소중했던 것들은 형태를 바꿔 우리 곁에 남는다고.

그리움은 길을 비추는 등불이다. 이별의 어둠 속에서 그리움은 우리가 걸어온 길을 돌아볼 수 있게 하고, 앞으로 나아갈 방향을 보여준다. 그리워할 수 있다는 건 여전히 사랑할 힘이 남아 있다는 뜻이고, 다시 누군가를 마음에 품을 준비가 되어 있다는 의미

이별은 끝이 아니다. 이별의 끝에는 언제나 또 다른 만남이 기다리고 있다. 그것은 같은 사람과의 재회일 수도, 새로운 사람과의 시작일 수도, 혹은 변화된 나 자신과의 만남일 수도 있다. 그리움은 그 만남으로 가는 다리다. 우리는 그리움이라는 다리를 건너면서 이별의 의미를 이해하고, 상실을 받아들이고, 아픔을 치

유하며, 다시 사랑할 준비를 한다.

그리움 속에는 슬픔과 아름다움이, 끝과 시작이 함께 머문다. 이별이 우리를 물리적으로 멀어지게 하지만, 그리움은 우리를 마음으로 다시 연결한다. 그리움은 이별이 남긴 눈물이 맺힌 결실이자, 삶이 우리에게 주는 또 하나의 선물이다.

나는 오늘도 그리움을 품고 살아간다. 그리움이야말로 이별이 남긴 가장 인간적인 얼굴이기 때문이다. 그리고 나는 믿는다. 그리움은 결코 우리를 약하게 만들지 않는다는 것을. 오히려 그리움은 우리를 더 깊이 사랑하고, 더 진하게 기억하고, 더 따뜻하게 살아가도록 만든다는 것을.

이별과 그리움, 그 둘은 결국 하나다. 서로의 다른 모습이면서도 하나의 여정이다. 우리는 이별을 통해 그리움을 배우고, 그리움을 통해 사랑의 깊이를 깨닫는다. 그렇게 우리는 조금씩 성장하고, 조금씩 성숙해지며, 인생이라는 긴 여정을 계속 걸어간다. 그리움이라는 이름의 빛을 가슴에 품은 채로.

그리움은 다시 만남을 위한 선물이다

바람이 스치는 저녁이면
문득, 오래전 웃음소리가
내 마음의 어딘가에서 깨어난다.
그건 잊힌 기억이 아니라
다시 부를 이름을 기다리는 약속이었다.

그리움이란 참 이상하다.
멀어질수록 또렷해지고,
비워낼수록 가득 차오른다.
당신의 부재는 슬픔이 아니라
내가 여전히 살아 있음을 알려주는 신호다.

나는 가끔, 이별이란 단어를
'잠시 멈춤'이라 부르고 싶다.

우리의 시간은 멈췄지만
그리움은 계속 자란다.
그건 삶이 스스로 이어가는 기도의 언어다.

밤하늘의 별이 사라지는 순간에도
그 빛은 한참을 더 걸어와
내 눈 속에서 반짝인다.
당신과 나 사이의 거리도 그랬다.
사라진 줄 알았던 사랑은
늦게 도착한 별빛처럼
오늘에 와서야 나를 비춘다.

그리움이 깊어질수록
나는 점점 당신을 닮아간다.
당신이 남긴 말의 결,
당신이 웃던 눈빛의 온도,
그 모든 것이 내 안에 새겨져
새로운 내가 되어간다.

그래서 이제야 안다.

그리움은 잃어버림이 아니라
다시 만남을 위한 선물이었다는 것을.
그리움이 없었다면
우리는 서로를 기다릴 이유조차 잃었을 것이다.

시간이 흘러 언젠가,
다시 마주 앉게 되는 날이 온다면
우리는 서로에게 말하겠지.
"너를 그리워했던 그 날들이
내 삶의 가장 순수한 계절이었어."

그날, 나는 웃을 것이다.
그리움이 나를 견디게 했음을,
그리움이 결국 나를 당신에게 데려왔음을.

그리고 조용히 속삭이리라—
"그리움은, 다시 만남을 위한
가장 아름다운 선물이었어."

야자시간

17살, 너무 좋았던 고등학교 1학년 때의 학창 시절이 문득 떠오른다.

아무 걱정 없이 정해진 시간표대로, 누군가 이끌어 주는 대로 이어진 줄을 잡고 줄줄이 따라가기만 하던 그때가.

고등학교 1학년 때를 추억하면 무리 지어 다니던 친구들과의 자전거 술래잡기도, 다 같이 응원하던 아이돌 가수를 좋아했던 일도, 학교에서 했던 야영도 모두 또렷하지만 나는 특히나 방과후 학교에 남아 했던 야간 자율학습 시간이 기억에 남는다. 모든 수업이 끝나고 저녁을 먹고 나면 야자 전까지 주어지던 그 시간이. 우리 학교는 교정이 정말 크고 넓었는데, 운동장 한쪽에는 테니스장까지 구비가 되어있었고 매일 많은 사람이 와서 테니스장을 이용했던 기억이 난다. 그때마다 높은 테니스장 벽을 넘어오는 공들은 우리가 가지고 놀기에 충분했다. 그때 매일매일 식사 후에 테니스장에 가서 공을 주워 왔고 지금 생각해 보면 위험하지만, 교실에서 공을 던지며 놀았었다. 항상 함께해주는 친구가 있었는데, 내가 교실 뒤쪽 사물함에서 공을 던지면 그 친구는 칠판 쪽에서 받고 다시 던지며 공놀이를 했다. 누군가 맞거나 교실 창을 깨 먹었다면 어쩌려고 겁도 없었나 보다.

공을 주고받는 그 단순한 놀이가 뭐가 그리 즐거웠는지 문득 떠오르는 추억은 지금도 나를 고1 야자시간으로 자꾸 데려다준다.

야자가 시작되면 친구와 앉아 줄 이어폰을 나눠 끼고 8시에 하는 라디오를 들었는데, 사실 말이 야간자율학습이지 나는 놀기에 급급했나 보다.

MP3에서 나오는 좋아하는 아이돌 가수의 라디오를 들으며 선생님 몰래 시시덕거리고 그저 마냥 좋아했었는데. 그러고는 쉬는 시간이 되면 누구보다 빨리 간식을 꺼내 먹기에 바빴고.

사소한 일상에 하루하루 감사했고, 자연스레 말하지
않아도 당연하게 흘러가던 그때가, 반복돼도 지루하
지 않았던 그때가 사무치게 그리운 날이다.

사진 속 그리운 사람들

그리운 마음을 가득 담아

너희들을 그려본다

사진 속 우리는 걱정과 고민을 다 잊고

즐겁게 웃고 있었어

20대 마지막에 만난 너희들이

어리다고 마냥 부러웠어

나 또한 취업에 대한 고민을 했던 걸 잊어버렸지뭐야.

졸업하고 각자 취업했거나 잘 살고 있겠지

거리가 멀어지고, 서로 바쁘다 보니

연락이 끊어져서 아쉬워

사진 볼 때마다 떠오르는 이름들

동환, 지수, 지은, 명준 ....

어디에 있든지 응원해.

내 전남친은 베토벤

들을 수 없어도 연주를 할 수 있어
널 위해서라면 소리를 포기할게
지금 잘 들리니, 조금 서툴지 않니
나도 처음이야 널 위해 시도했어

You were Beethoven & I was Elise
You play the piano for Elise
야심한 밤 그곳에서
울려 퍼졌던 쇼팽의 녹턴
노래할게 너를 위해 Aria of Siren
들려줄게 Melody for you
행복의 노래 별에게 닿았었어

연주가 시작된 순간 시공을 넘어서

삶과 죽음을 넘어 베토벤이 내게 왔어
역사가 시작됐어 술과 밤이 있었어
술보다 음악보다 마음에 취했었어

애원했어 보고 싶다고
손을 뻗어서 휘저었어
눈을 떴을 때 넌 없었어
지금까지의 모든 순간은
한 겨울밤의 꿈이었어

노래할게 널 그리며 Aria of Siren
들리는지 Melody for you
눈물의 노래 별에게 닿았었어

첫눈

짙어가는 겨울 향이
잃어버린 널 불러온다.

불어오는 봄볕에 숨어
지지 않을 태양을 기대했던
다시 오지 않기를 바란 오늘

회색빛 거리
건너편에 아무도 없는
횡단보도 앞
네가 서 있던 잔상

어깨 위로 내려앉은 핀 눈꽃
올려다본 하늘엔

지워지길 바란 네 얼굴

볼에 닿을 때마다
사라진 그날들이 다가와
그 시간들에 또 한 번 무너진다.

지나치는 헤드라이트 사이
어딘가에 네가 있을 것 같아
서성이는 시선
신호음이 나를 깨우고

등을 떠미는 신호등 소리
깜빡이는 불빛을 외면한 채

이내 발끝으로 향한
떨어진 눈송이를 바라보며
어제의 네 미소가 나를 향한다.

상사

내가 제 발로 약속했던 날에 떠난 당신의 태가 난 무
지하게 그리운데
당신도 당신의 태에서 날 떠나보내고 그리웠을까
날 다시 품고 싶다고 읊조렸을까

당신은 당신의 품에서 떠나 세상을 항해하는 날 어떻
게 여겼을까
내가 당신을 사랑하는 만큼
당신도 날 사랑했을까

한 인간이었던 그대는 내 전부였는데
당신에게 내가 전부가 아닐까 봐 두려워 묻지 못했고
당신에게 내가 전부일까 두려워 묻지 못했다
난 애타게 그대의 사랑을 갈구해

그 마음조차 묻지 못했다

그대가 그것에 질린다면 정말이지 난 할 수 있는 게
없을 테니까

세상 모든 조언을
당신에게 구했지만
당신에 대한 조언은
구할 수 없어서
어디에도 물을 수 없어서
난 머리를 쥐고 크게 앓았다

그 앓는 것조차 당신에게 숨긴 채
당신을 사랑하며 앓았다

붓꽃이 피던 시절

화실의 낡은 문을 열면
투명하게 쏟아지던 오후의 빛
나란히 앉은 친구들의 어깨
침묵 속에서도 웅성거리던 젊은 열기

오래된 벼루에 스미는 묵향(墨香),
가슴 속 깊은 밤을 갈아낸다.
화선지(⊠仙紙) 위로 내려앉는
붓끝의 떨림, 첫 점의 무게.

농묵(濃墨)은 만년의 깊이를 재고,
담묵(淡墨)은 새벽안개를 흩뿌린다.
그 무심한 번짐 속에 산과 강이 숨을 쉬네.

물통 속 헹궈낸 붓들이 물방울을 머금고 반짝인다
팔레트 위, 짜낸 물감들의 미세한 떨림, 시작의 설렘.
섞일 때마다 세상에 없던 색이 태어나고
그 작은 기적 앞에 숨을 죽였다.

먹의 단단한 골격 위
숨죽여 스며드는 온기(溫氣)처럼,
겹겹의 덧칠이 생명(生命)을 불러낸다.
말로 다할 수 없는, 붓끝이 전하는 진심.

먹과 색으로 그린 고요한 마음
한 폭의 그림이 곧 삶의 이유였던 날들
내 안의 모든 색이 가장 순수하게 빛나던,
그 눈부신 시간들을 나는 영원히 그리워한다.

참말로, 그렇게 걷다 보면 그리워진다

걷다가, 걷다가, 앞을 보고 걷다가!
땅을 쳐다보고 걸으면
거북목이 된다니까,
고개를 드높이 들고 걸어본다.

사실은
눈물이 가득 고인
까닭이겠지만 말이다.

걷다가, 걷다가, 앞을 보고 걷다가!
두 눈을 동그랗게 뜨고 걷다가
이내, 두 눈을 부리나케 깜빡인다.

사실은 눈물방울을
재빠르게 걸어서

걸어야 하니까 그렇겠지.

걷다가, 걷다가, 앞을 보고 걷다가!
창피하지도 않은지,
속 안의 목소리까지
대포처럼!
폭죽처럼!
한가득 살살 담아서, 꾹꾹 펼쳐서
노랫소리를 내어 본다

사실은 그 큰 소리들에게
그리운 마음을
감춰 보이려는 것이겠지.

걷다가, 걷다가, 앞을 보고 걷다가!
지치지도 않은 것인가 할 정도로
쉴 새 없이 걷는다.

때로는 느긋하게
때로는 뜀박질하듯이

사실은 마음속 기억을
떨쳐버리고 싶은 걸음이겠지.

참말로, 그렇게 걷다보니 그리워진다.
참말로, 그렇게 걸어보면 그리워진다.
참말로, 그렇게 걷다보면 그리워진다.

그리움은 이별을 닮아간다

그리움을 바라보며 인사한다

그리움의 존재는
바라보면 드러난다.

분주함 속에 잊혔던 존재가
한가한 시간 사이사이 온다.

그 그리움에게 인사한다.
그리움을 바라보며 인사한다.

바라보면 바라볼수록
그리움은 나에게 더욱
계속적으로 매달린다.

도돌이표처럼 맴돌아서
인사하기도 한다.
그래서 때로는 그리움은
음악을 만들어주나 보다.

때때로 우리는 이렇게 여러 방식으로써
그리움을 바라보며 인사한다.

피라미드를 쌓는 生

너 알았냐고
물어보기엔 확실하지 않은 질문이라
추억으로 맡겨놓았던 그 모든 세월에 대해서

모래로 만든 피라미드처럼
우리는 툭 치면 가루로 부서질 것 같은 마음들을
꾹꾹 눌러서 어떻게든 딱딱하게 만들고
세상을 뾰족하게 버티고 있었다고

바람 몇 번 불면
모래 산은 자리를 옮기고

누가 그런 왕을 섬겼을까
네가 모두의 그림자가 되었을 때

불현듯 지나간 것들에게 휩쓸려
나 태어나지도 않았는데 태어났다고 말한
내 생을 너 알았냐고

바싹 마른 입술을 너의 옆자리에 옮기기엔
너의 영혼은 꽉꽉 채워져 있어서
나 괜스레 환생이 정말 있길 바랐다고

물어보기엔 거창하기에
너의 관 앞에서 노크하는 것밖에 못 하는 내 생을
방 안을 들어가는 것도 아니고
노크하는 것부터 허락받아야 할 것 같은
너와 연루된 내 삶에서
나는 너의 공범이었던 거
너 알고 있었냐고

한 손을 잡은 누군가의 손
누군가의 손을 또 포개었던 내 손
그렇게만 흘러가는 생이었다면
우리는 분명 하늘에 닿을 수 있었을 텐데

그리움은 이별을 닮아간다

나 환생해도
너로 환생하고 싶은 마음

너 환생하면
나는 환생을 믿지 않을 마음

그런 마음이 차곡차곡 모여
피라미드를 쌓은 거
하얗던 돌들이
작은 알갱이와 사람의 흔적으로
샛노래진 거 알고 있었냐고

너로 만든 왕을 지키기 위해
수없이 실패한 또 다른 피라미드를
나는 내 피라미드의 벽돌 하나 집어
너의 피라미드를 짓고 있었던 거
너
아냐고
처절하게 견고한 슬픔으로 가득 찬
굼뜬 내 삶을

웃으며 지내길 바랍니다

예뻐 보이는 너를 한숨에,
이어진 잎사귀를 한 줌에,
차오르는 너를 엮어 꽃다발을 만들었지.

봄은 그저 조명하나 비춰지지 않은
무대 밑 작은 꽃다발.
여름은 가장 좋아하는 너를
하루 종일 바라볼 큰 꽃다발.

공존하는 마음에
이제는 숨어 지내지 않아도 돼.
고개를 숙여도 될 것이야.

밝은 것들아,

잠시 내게 자리를 내어줘.

아득한 이곳에 내가 감히 겨울을 부르고 머무르리.

너의 어두운 낙원으로 데려다줄게.

그곳에선 부디 웃으며 지내길 바랍니다.

기억 향수병

낭만이라 믿었던 모든 것은 허위,
그 시절의 향기만이 지독히 남았다

부르지 못한 것은 길고 긴 이야기,
별 탈 없이 사라질 줄 알았던
너와의 약속은 도려낼 수도 없었다

나는 그 향기를 되씹으며
지금도 같은 자리에 머문다

영원이란
끝나지 않는 혼란,
지워지지 않는 위치에
한 사람만 고정시키는 방식이었다.

그리워서

너와 연락을 끊고
너와 함께 놀았던 밤바다를 다시 찾았어.

이어폰을 꽂고 너와 함께 듣던
로파이 음악을 틀고선

바다 특유의 푹푹 담기는 모래를 밟으니

너와 같이 놀던 그때가 떠올라
펑펑 울 수밖에 없었어.

일몰을 보며 키스를 나누던 그때가,
밤바다를 보며 서로의 품을 느끼던 그때가,

너무나도 그리워서,

아니,
너의 그 포근한 품속이,
너한테서 나던 그 달달한 향이

너무나도 그리워서,

아니,

그냥 너라는 선물이
너무나도 그리워서,

난 오늘도 무너져 내려.

너와 나누던

너와 나누던 그 모든 온기들이,
너와 나누던 그 모든 말들이,
너와 나누던 그 모든 향들이,
너와 나누던 그 모든 행동들이,

너와 나누던 그 모든 것들이,

오늘도 난 꿈에 나와
무너져 내렸다.

포레스트 웨일

공동 작가

이별

마음 한켠의 감정 한 조각

이제 헤어져야 한다는 걸 안다.
그동안 참 많은 일들이 있었다.
이별을 말하고, 나는 본격적인 찬바람을 맞이한다.

찬바람을 가로질러
새로운 인연이 닿는 곳으로 옮기고,
다시 봄을 맞이하는 것.
언제나 그래왔던 내 삶의 패턴이었다.

그런데도 일상 속에서
문득 그때, 그 시절이 떠오른다.
시간이 흘러서인지,
내가 조금은 괜찮아져서인지 모르겠다.

그럼에도 불현듯 스치는 얼굴.

타지에서 홀로 지내던 나에게

친구가 되어주고, 연인이 되어주었던 그 사람.

오늘따라, 사무치게 그립다.

그리움은 이별을 닮아간다

떠나갈 너에게

보통 누군가가 사라질 땐
소리 없이 사라진다고 다들 말하지

하지만 너는 그렇게 한순간에 사라지지 않았어
그런 너를 그저 바라볼 뿐이야

네가 떠나갈 걸 알면서도
내가 할 수 있는 게 없어서
미안해

이별의 순간

조용히 멈춰 선 길 위에서 나는 마지막으로 너의 눈빛을 마주한다. 붙잡지 못한 두 손은 멀어지고, 시간마저 우리를 밀어낸다. 우리가 나눴던 약속과 속삭임은 한순간에 무너지고, 나는 끝내 그 한마디 사랑한다고 내뱉지 못한다.

이별의 순간, 세상은 마치 얼어붙은 듯 고요해진다. 가슴 깊은 곳에서 울음이 파도처럼 밀려오고, 아무리 붙잡고 불러도 너에게 닿지 못한다. 남는 것은 서서히 흩어지는 너의 뒷모습뿐이다. 떠나는 발자국은 메아리처럼 오래 남고, 내 곁에는 깊은 침묵만이 감돈다. 흐려지는 기억들조차 눈물이 되어 나를 끝없이 적신다.

돌아오지 않으리라는 걸 알면서도, 나는 희망이라는 이름으로 너를 애타게 붙든다. 하루가 지날수록 그리움은 더욱 깊어진다. 마치 이별의 장면이 반복되듯, 세상은 멈추고, 내 가슴엔 파문처럼 울음이 번진다. 아무리 붙잡고 불러도 닿지 못한 채, 나는 여전히 그 뒷모습을 바라본다.

혹시라도 다시 만날 수 있다면, 그때는 말할 수 있을까. 너 없이는 살아갈 수 없다고, 내 사랑은 언제나 너뿐이었다고. 그러나 이별의 순간은 끝내 지워지지 않는다. 너는 내 안에서 여전히 살아 있고, 시간이 흘러도, 계절이 바뀌어도, 나의 마음은 여전히 너를 부른다. 조용히 스쳐 간 그 순간은 영원히 멈춘 듯 내 안에 남아, 오래된 상처처럼 조용히 빛난다.

이별 후 그리움만 남아서

밤하늘에 떠 있는 별을 보며
네 생각만 자꾸 하게 돼
함께 걸었던 그 길 위에 남은
너의 흔적이 자꾸 날 붙잡아

웃던 순간들이 머릿속을 맴돌고
가슴속에 스며드는 그 기억에
손끝에 남은 따뜻한 온기까지
이제는 차가운 바람 속으로 흩어져

이별 후 그리움만 남아서
눈을 감아도 네 얼굴 보여
사랑이라 불렀던 그 순간들이
아직도 내 안에서 살아 있어

돌아올 수 없단 걸 알면서도
내 마음은 계속 널 찾아가

낯선 거리를 걸어도
네 웃음소리만 들려오는 것 같아
시간이 흐르면 괜찮아지려나
하지만 마음은 자꾸만 멈춰

행복을 빌어주던 마지막 말이
가시처럼 내 마음에 남아 아파져
다시 볼 수 없는 널 알고 있지만
끝내는 믿기조차 힘이 들어

이별 후 그리움만 남아서
눈을 감아도 네 향기 스며
사랑의 잔상으로 가득 찬 내 방
더 외로워지는 밤을 견뎌
다 잊을 수 없단 걸 알면서도
내 마음은 결국 널 불러

혹시 너도 나처럼 기억 속에서
나를 찾아 헤매고 있니
다시 돌아올 수 없는 길이라 해도
그리움은 나를 붙잡고 놓질 않아

이별 후 그리움만 남아서
하루하루가 네 추억이 돼
사랑이라 불렀던 모든 순간이
시간 속에 잊히지 않고 빛나
다 끝났다는 걸 알면서도
내 마음은 오늘도 널 사랑해

흩어져 버린 우리의 시간 속에서
나는 여전히 널 기다리고 있어…

그리움은 이별을 닮아간다

이별의 방식인 것을

발걸음 닿지 않는 저녁,
당신의 뒷모습은 미완의 악보였습니다.

마지막 음표를 잃고
흐느끼는 첼로처럼 울리는 정적.
우리의 지난 시간은
주머니 속 반짝이는 모래알 같아서,
쥐면 쥘수록 손가락 사이로
영원히 스며드는 강물이 되는군요.

이별은 아득한 유리 미로였습니다.
출구를 찾기 위해 헤매다,
결국 거울 속에 비친 서로의 그림자를
다시는 만날 수 없는 운명으로 인정한 일.

당신의 눈빛은 차가운 등대였고,
내게 남은 마음은 좌초된 배였습니다.
서로를 비추었으나,
닿을 수 없어 부서지는 파도의 숙명처럼.
사랑의 끝에서 우리는
가장 서정적인 비극을 연출합니다.

서로에게 남기는 마지막 말은
바람이 지워버린 발자국인 것을.
침묵으로 전하는
가장 긴 편지인 것을.

이별의 방식마저
우리에게는 은유였습니다.
슬픔을 숨긴 채, 다만 아름다울 것.

이별의 향

텅 빈 방에 홀로 앉아 숨을 쉬면
당신은 시간의 파도를 타고 돌아옵니다.
이별은 벽에 걸린 오래된 시계처럼 멈춰 있는데,
당신의 향기는 멈추지 않는 태엽 같아요.

당신이 없는 공간은 창문 없는 미술관처럼
고요함만 가득 채워져 있지만,
문득 스치는 바람은 당신의 속삭임이고,
희미한 커피 냄새는 지나간 사랑의 지도입니다.

사랑했던 날들은 투명한 유리 조각처럼
빛을 받아 반짝이며 아프게 흩어지는데,
당신의 체향은 그 모든 조각을 이어 붙이는
무색무취의 강력한 풀 같아요.

마치 촛불이 꺼진 후 남는 연기처럼,
형체는 없으나 존재감이 선명합니다.
그리움은 차가운 늪이고,
당신의 잔향은 그 늪 위에 떠 있는 작은 쪽배입니다.

이 향기는 기억의 열쇠이자,
나를 과거에 붙잡아 두는 아름다운 족쇄입니다.
이별은 달이 진 밤처럼 찾아왔지만,
당신의 향은 새벽을 기다리는 가장 마지막 별처럼
오래도록 내 코끝에, 가슴에 머뭅니다.

사랑의 책은 덮였으나,
그 표지에 깊이 배어버린 당신의 냄새처럼.

보온

한때 나의 세상이었던, 태어나서 처음 봤던
그녀의 따뜻한 얼굴이 말도 안 되지만 아직도 기억에
남은 것 같다.

이유는 그 따뜻함이 지나쳐
아직까지도 열이 남은 거겠지

그녀가 떠나는 길에
그 온기를 다 거둬가지 않은 것을 원망하다가도

이거라도 남겨줘서 다행이라며
감사하는 내 모습이 너무 간사해 부끄러워

서둘러 떨어지는 눈물로 얼굴을 덮는다.

이별이란 말을 못 하는 나에게

가끔 말로도 표현하지 못한 떠나 사람을
어찌 붙잡고 놓지 못할까 하는데 그 마음을 전하지
못한 나는 눈물이 쏟아져 내린다

전화로 보고 싶다 다시 만나자 말을 하고 싶어도 그
대는 어떤 마음일지 모르는데 말실수하면 더 이상 만
나지 못할까 봐 초조해진다

당신을 잊지 않고 눈물만 쏟아져 내리지만 이 이별이
아름다운 이별로 남으리라 생각도 하게 되었습니다

더 이상 힘든 이별을 하지 않게 내 마음을 담아 편지
를 남기고 그동안에 고마웠다고 말해주고 떠나는 이
별이라 말하면서 잊지 못한 걸라고 말하고 싶다

이별의 아픔은 가시가 되어

이별이라 생각하고 싶지 않았어
장난인 줄 알았어
넌 장난치지 않는다는 걸 알면서도
장난이길 바랐지

시간이 지날수록
기억이 희미해질수록
그리움은 짙어져 가고
이별의 아픔은 가시가 되어
마음에 수많은 상처를 냈지

아픔은 가시지 않고
세월이 흐른 지금도
여전히 상처를 내고 있어

너의 사진을 볼 때마다
너와 함께한 추억을 떠올릴 때마다

상처에서는 여전히 진물이 흐르고 있어
영원히 아물지 않고 흐르겠지
이별은 상처를 만들지
회복할 수 없는 이별이란 상처를

그리움은 이별을 닮아간다

안녕, 그리고 안녕,

안녕,
늘 네게 건네었던 인사가
말실수가 되어버렸다

아차,
헤어졌지

금세 입을 다물었지만
안녕이란 말은
공기를 타고
이미 네 귀에 다다랐다

고요한 적막
이제는 네 미소를 볼 수 없는 것이,

네 인사를 들을 수 없는 것이,
실감 났다

아, 이별이구나

안녕,
마음속으로
네게 마지막 인사를 건넸다

향수병

이별의 향은 영원히 내 기억 속에 남으려 했고.
나는 당연하다는 듯 그 잔향을 잊지 못하였다.
이런 버릇이 이어지던 때가 있었으니.

그것이 우리가 겪은 이별이었다.

이 별에서의 이별

기억이 하얗게 쌓일 겨울이 오면
너의 눈동자가 맘속에 아른거려
누구보다 서로를 잘 알던 우리가
이젠 우리가 아니게 된다니
이젠 가벼운 인사조차 못 한다니
난 언제나 후회해
이 별에서 할 수 있는 이별을

아름다운 이별을 하기 위해

온 하늘이 그대였기에
한참을 바라보았다

새벽녘부터 저녁놀까지
곱씹고 곱씹어도
삼킬 수 없어 바라만 보다

어느샌가
그 어느샌가
흐르는 눈물에
잠시 호흡을 맡겨

한참을 토해내다
한참을 글썽이다

네 아름다움에
먹구름 칠하지 않으려

지독히 맑은 날
너를 보냈다

그리움은 이별을 닮아간다

남겨진 것들

텅 빈 방 한켠에
너의 향기가 남아 있다

책상 위에 놓인
낡은 커피잔 속엔
우리의 대화가 아직도 맺혀 있다

침대 옆에 놓인
너의 슬리퍼 한 짝
그 속엔 너의 발자국이
아직도 선명하게 남아 있다

책장 위에 놓인
너의 책 한 권

그 페이지마다
너의 손길이 남아 있다

이 모든 것들이
너의 부재를 증명하지만
또한 너의 존재를
내 안에 새겨 놓는다

이제는 너의 흔적들이
내 삶의 일부가 되어
조용히 나를 지켜본다

이별이 준 선물

이별은 또 다른 이별이 되어
가슴 깊이 새겨 놓고
듬성듬성 꺼내볼 수 있는
앨범이 되어 돌아왔다.

너의 향기와 웃음,
그 조각들 속엔
내 안의 빈자리도
모두 같이 잠들어 있고

시간이 흐를수록
그 앨범 속 페이지는
살며시 넘겨지며
눈부신 빛으로도
잔잔한 그림자로도 남아

어느 날 문득 펼쳐본 기억 속
너의 목소리가 미소가 되어
내 귓가에 속삭일 때
나는 다시 너를 만난다

이별이 준 선물은
추억과 그리움만이 아니야
너 없는 나도
너와 닮아가는 법을 배우고

그리움은 이제
너로 향한 맑은 빛이 되어
달빛처럼 미묘한 온기로
내 안 깊이 스미고

나는
그 빛 속에서
혼자가 아닌 나 자신을 마주하고
잔잔한 바람이 속삭이는 소리에 귀 기울이며
이별 뒤 남은 사랑으로
나를 다시 일으킨다

그리움은 이별을 닮아간다

아름다운 이별

눈물이 마르기 전에
너와의 추억을 회상하며
하루하루를 보내고
시간이 빨리 흘러가길 바랐다

멈춰진 듯 아직도 귓가에 맴도는
너의 웃음과 속삭임
어둠 속에 잔잔히 피어난
우리들의 빛나는 계절

시간이 멈출까 두려웠던 날들
그리움은 바람 되어
내 안에 스며들고
눈물은 별이 되어 흐른다

어둠이 깊어질수록
너의 속삭임은 바람 되어 귓가에 머물고
눈빛 속 너의 간절함이
별빛처럼 떨리며 가슴을 파고든다

이별은 조용히, 부드럽게 왔지만
너 없는 모든 순간이 깎아지는 아픔이 되고
그리움은 밤마다 파도처럼 밀려와
너의 기억이 숨 쉬는 곳에서 잠든다

그리움은 이별을 닮아간다

이별버스

차가운 공기를 피해
올라탄 버스 뒷자리
이제는 나뿐이면서
익숙하게 앉은 내가
바보 같아요

당신이 떠난 자리에는
공기만 쓸쓸히 남아
빈자리를 메우고 있고
당신이 없는 곳의 나는
멍만 때려요

당신과 있던 일상 속에서
당신 없이 견뎌보려고

당신을 그리고 있는 나예요

일분일초를 당신과 함께했던 나는
이제는 일분일초마다 당신을 생각해요
당신을 보내야 하는 걸 알면서도 그러지 못해요

더 아플 상처를 피해
올라탄 이별 버스에
내릴 수 없으면서도
하차 벨을 보는 내가
바보 같아요

당신이 있던 자리에는
추억만 쓸쓸히 남아
빈자리를 메우고 있고
당신이 없는 곳의 나는
숨만 쉬어요

당신과 웃던 일상 속에서
당신 없이 웃어보려고

그리움은 이별을 닮아간다

당신을 그리고 있는 나예요

일분일초를 당신과 함께 했던 나는
이제는 일분일초마다 당신을 상상해요
당신을 잊어야 하는 걸 알면서도 그러지 못 해요

모든 시작의 끝에는
이별이란 종착역이
있다는 걸 알면서도
영원할 줄 알았나 봐요
어느 정거장에 가도
당신이 안 탈 걸 알면서
이렇게 당신을 기다려 봐요

우린 부서지듯이

당신이 떠나던 날
저는 울지 않았습니다
제 안의 울음은
이미 오래전부터
당신의 눈빛에 조용히 기울었고

우리는 끝내
이별이라는 말을 꺼내지 않았습니다
그보다 먼저
더 날카로운 침묵들이
우리 사이를 가르고 있었고
그 침묵은
당신의 어깨에서 목을 타고 흐르며
나의 눈동자에서 입술 가장자리까지
금처럼, 아주 조용히

그러나 틀림없이 번져 있었지요
사랑은
꼭 말로만 부서지는 게 아니었습니다
눈치처럼 무너지며
숨처럼 잦아들었고
어디서부터 깨어졌는지도 모른 채
우린 서로를
조금씩 닳아 없애고 있었습니다

저는 한때
당신에게 가장 다정하던 사람이었습니다
그 말투가 닳아 없어지고
대답 대신 끄덕임이 늘어난 날들

그 사이로
사랑은 자주 미끄러졌습니다

당신이 제 이름을 부르지 않게 된 것도
그즈음부터였습니다
저도 당신을 불렀지만

당신의 표정은
더 이상 무너지지 않았습니다
우리는 서로를 남긴 채
서로의 틈을 조용히 밀어냈고
그 조용함이
문득
사랑의 마지막이 되어 있었습니다

당신이 없는 풍경 속에서도
뺨 근처로 스치는 바람이
당신의 온도를 닮았다는 이유 하나로
하루를 다 삼켜버리곤 했습니다

손목을 씻다가도
문득 당신의 체온이 떠오르고
숟가락을 내려놓을 때마다
당신이 싫어하던 국물의 소리가
귀에 남았지요

그게 사랑인지
미련인지

혹은 놓지 못한 후회였는지
이제는 구분조차 흐려졌지만

저는 아직도
당신을 부르면
내 이름만 더 작아진다는 걸 느낍니다

사랑이라는 건
당신의 부재를 견디는 게 아니라
그 부재 속에서
내가 얼마나 무너졌는지
얼마나 무너진 채
당신을 붙들고 있었는지를
되새기는 일이었습니다

저는 이제
문을 열고 나가는 당신의 그림자보다
그 문이 닫힌 뒤의 정적이
더 크게 들립니다

깨진 저로도

한때 당신을 안았다는 사실이
오늘도 나를 가장 아프게 하지만

깨진 컵으로도
물은 고였고
깨진 나로도
사랑은 남았습니다

그래서 저는 아직도
물도 없이
당신을 따라
넘치고 있습니다

사랑은 끝나도
그 결은 남기에,
우리가 손을 맞잡던 높이
눈을 맞추던 거리
그 틈새가 제 안에
아직도 고요하게 남아 있습니다

그리움은 이별을 닮아간다

이제 저는
당신을 다시 떠올릴 때
말부터 꺼내지 않습니다
대신
추억을 꺼내고
한참을 바라봅니다

부서졌다는 말 대신
저는 오늘도
이름 붙이지 못한
당신의 잔해를
내 하루 끝에
조용히 놓아둡니다

깨진 적 없다는 듯
그 흔적이 너무 조용해서
오히려 더 선명한
사랑의 형태로 변해버려도

우린 부서지듯이,

이별

꽃잎이 떨어진다
바람이 불지 않아도
그냥 떨어진다

그렇게 이별도
어느 날 온다

아무 일 없던 것처럼
꽃은 봄에 피었다가
여름이면 지고

우리도
어느 봄날 만났다가
헤어지는 것이다

지금 떨어지는 꽃잎을 보면
자꾸만 당신이 생각난다

꽃잎이 예쁘다
당신도 예뻤다

떨어지는 것들은
다 그렇게
아름답다

이별은 초연한 가을의 끝물과 닮아있다

가을의 냄새를 기억하나요?

낙엽이 타들어 가며 내뿜는 연기 냄새,

서늘한 공기 속에 섞인 비의 향,

한 계절이 끝나갈 때 나는 묘한 쓸쓸함의 냄새.

그 냄새를 맡을 때마다 나는 늘 이별을 떠올린다.

사람의 관계도, 마음의 온도도,

모두 이렇게 천천히 식어가다가 끝나버리곤 하니까.

이별은 폭풍처럼 몰아치는 일보다,

조용히 스며드는 일에 더 가깝다.

소리 없이 불어오는 가을의 바람처럼.

사랑이 다했음을 서로 알고 있으면서도,

아무 말도 하지 못한 채 마주 앉아 있는 그 순간 —

그게 바로 이별의 진짜 얼굴이다.

그와 마지막으로 만난 날,

우리는 같은 창가에 앉아 커피를 마셨다.

그의 손끝이 내 잔에 닿았다가, 아주 천천히 멀어졌다.

말은 없었지만, 이미 모든 대화는 끝나 있었다.

"조심히 가."

그 한마디가, 마지막 인사였다.

그때 내 마음은 마치 단풍잎처럼 떨어졌다.

소리 하나 없이, 그러나 되돌릴 수 없는 낙하였다.

사람들은 말한다.

"이별은 아프다."

하지만 시간이 지나면 알게 된다.

진짜 이별은 아프지 않다.

그건 그저 서늘할 뿐이다.

모든 감정이 식어버린 자리에는

묘하게 평온한 고요만이 남는다.

그 고요가 때로는 잔혹할 만큼 초연하다.

그리움은 그 뒤에 찾아온다.

가을이 끝나면 겨울이 오는 것처럼.

그리움은 눈처럼 조용히 쌓인다.

하얗고, 차갑고, 하지만 아름답게.

그 속에는 우리가 함께 한 모든 순간이 박혀 있다.

웃던 얼굴, 따뜻한 손, 짧은 대화 한 조각.

그 조각들이 하나둘 쌓여 마음 위를 덮는다.

나는 그리움 속에서 천천히 익어갔다.

"이별의 끝은 슬픔이 아니라 평온이었다."

그건 내가 나중에서야 배운 진실이다.

시간이 모든 것을 지워주는 게 아니다.

시간은 단지 감정의 모서리를 둥글게 다듬을 뿐이다.

날카롭던 기억이 부드러워지고,

아픈 장면이 잔잔한 풍경으로 바뀐다.

그리고 언젠가, 그 풍경을 다시 떠올릴 때

우리는 미소를 짓는다.

나는 오랫동안 가을을 피했다.

단풍이 물들면 괜히 가슴이 저렸다.

거리의 나무마다 그와 함께 걷던 날이 매달려 있었다.

바스락거리는 낙엽 소리마저도,

그의 목소리처럼 들렸다.

"괜찮지?"

누군가 속삭이는 듯했다.

그럴 때마다 나는 괜찮다고 말했지만,

사실 괜찮지 않았다.

그러다 문득 알게 됐다.

이별이 꼭 불행한 일만은 아니라는걸.

가을의 끝이 새봄의 시작이듯,

사랑의 끝에는 새로운 내가 피어난다는 걸.

누군가를 사랑하고, 잃고, 다시 일어나는 일.

그건 살아 있다는 증거였다.

그 후로 나는 가을을 다르게 보게 되었다.

가을의 끝물은 슬픔이 아니라,

다 타버린 감정 위에 남은 한 줄기 빛이었다.

그 빛은 미련이 아니라 이해였다.

그때의 우리는 최선을 다했고,

그 마음이 진심이었다는 사실만으로도

충분히 아름다웠다.

나는 그를 미워하지 않았다.
미워할 만큼 사랑하지도 않았고,
다시 잡을 만큼 미련하지도 않았다.
그저 모든 것이 제자리를 찾아간 느낌이었다.
사람 사이의 거리는 결국 제자리로 돌아간다.
사랑이 그려낸 원은 언젠가 닫히고,
그 안에 남은 것은 온기의 흔적뿐이다.

"사라짐 속에서만 남는 빛이 있다."
그 문장은 나를 오래 붙잡았다.
사람은 잃어본 적이 있을 때에야
진짜 빛의 의미를 안다.
잃음이 없다면, 사랑의 무게를 알 수 없으니까.

이제 나는 이별을 두려워하지 않는다.
이별은 사라짐이 아니라 순환의 일부다.
모든 만남은 언젠가 이별을 품고 있고,
모든 이별은 또 다른 시작을 품고 있다.
그리움이 사라지면, 마음은 비워진다.

그리고 그 자리에 새 계절이 들어온다.

가을의 끝자락, 낙엽이 흩날리는 날이면
나는 일부러 천천히 걷는다.
바람이 불고, 낙엽이 발끝에 쓸려가면
그 모든 소리가 나에게 말을 건다.
"이별은 끝이 아니야. 그냥 다른 모양의 사랑일 뿐이야."
그 목소리에 나는 조용히 고개를 끄덕인다.

이별은 초연한 가을의 끝물과 닮아있다.
모든 것이 사라지는 듯하지만,
그 안엔 여전히 따뜻한 빛이 남아 있다.
사람이 떠난 자리에는 공허가 아니라,
성장이 남는다.
그리움이 식은 자리에 이해가 피어나고,
이해가 자라난 자리에는
조용한 평화가 깃든다.

가을의 끝에 서면 나는 배운다.
사랑이 떠나도 삶은 계속된다는 걸.

떠난 마음의 자리에 또 다른 봄이 찾아온다는 걸.
이별이 나를 아프게 했지만,
그 아픔이 나를 단단하게 만들었다는걸.

이제는 이렇게 묻는다.
당신의 가을 끝은 어떤 빛으로 남아 있나요?
그 끝물의 냄새는, 아직 마음속에 남아 있나요?
그리고 그리움이 지나간 자리에는,
어떤 당신이 서 있나요?

그리움은 이별을 닮아간다

이별은 어느 날 애잔한 가슴팍에 안겨있었다

이별은 심장 안쪽에서 먼저 울었다.

어느 날 문득, 가슴이 기울고 있었다.

그날의 나는 아무 일 없다는 듯 웃었지만,

내 안의 공기는 이미 쓸쓸했다.

기척조차 없이 다가온 이별은

마치 낙엽이 바람에 실려 내 품으로 떨어지는 것처럼,

가볍고도 서늘했다.

그는 여전히 내 옆에 앉아 있었지만,

그의 시선은 어딘가 먼 곳을 향하고 있었다.

말은 흘렀고, 웃음도 있었으나,

그 웃음의 끝은 조금 어두웠다.

커피잔 위로 김이 옅게 피어오르다가

곧 사라졌다.

그 사라짐이 꼭 우리 같았다.
보이지 않지만 느껴지는,
아직 남아 있는 무언가의 마지막 숨결.

그날의 하늘은 평소보다 조금 더 희었다.
햇살은 부드러웠지만, 마음은 투명하게 깨져 있었다.
바람이 불 때마다 내 안의 온도가 미세하게 흔들렸다.
그는 아무 말 없이 커피를 젓고 있었다.
그 작은 원 안에서
우리의 시간이 천천히 가라앉고 있었다.

사랑은 불씨 같았다.
뜨겁던 순간이 지나가면,
남는 건 온도가 아니라 재의 형태였다.
나는 그 재 위에 오래 앉아 있었다.
바람이 불면 흩어질 걸 알면서도
그 잔열에 손끝을 기대었다.
그건 미련이 아니라
아직 타오르지 못한 말들의 잔향이었다.

그리움은 이별을 닮아간다

"이별은 떠나는 게 아니라,
조용히 사라지는 일이다."
그 문장이 내 안에서 천천히 번졌다.
그는 떠난 적이 없었다.
단지 점점 흐려졌을 뿐이다.
그의 미소는 조금씩 얇아졌고,
그의 목소리는 하루하루 먼 데서 들려왔다.
이별은 그렇게,
사랑의 속도를 따라오지 못한 마음이 남겨지는 일이
었다.

밤이 되면 나는 자꾸 그를 불렀다.
그 이름은 입안에서 천천히 녹았고,
달콤함보단 쓸쓸한 맛이 남았다.
불 꺼진 방 안에서
숨을 죽인 채 그 이름을 되뇌었다.
한 번 부를 때마다
가슴속 어딘가가 조금 더 비워졌다.
그건 아픔이 아니라 정리였다.
이별은 고통의 이름으로 오지만,

실은 정리의 다른 이름이다.

그가 없는 하루는 처음엔 낯설었다.

그러다 어느 날, 낯섦은 익숙함이 되었다.

그가 앉던 자리,

그가 남기던 말투,

그가 웃던 소리까지

모두 공기 속에 섞여 버렸다.

그 자리를 오래 바라보면

그 빈자리가 형태를 가진다.

그건 손끝에 닿지 않는 그림자였다.

있으면서도 잡히지 않는 것,

사라졌으나 완전히 비워지지 않은 것.

시간이 흐르자,

그리움은 냄새로 남았다.

비 오는 날이면

그의 셔츠에서 나던 향이 바람을 타고 스쳤다.

나는 그 냄새를 들이마시며 잠시 멈춰 섰다.

그건 추억이 아니라 잔향이었다.

그리움은 이별을 닮아간다

사랑이 지나간 자리에서 피어난,
이별의 온도였다.

"사람의 마음은 먼저 식고,
그다음에야 몸이 멀어진다."
그 말이 떠올랐다.
그의 눈빛은 이미 다른 계절을 보고 있었다.
나는 여전히 그 봄에 머물러 있었고.
서로 다른 시간대에 서 있던 우리는
끝내 같은 방향을 보지 못했다.
그건 누구의 잘못도 아니었다.
그저 계절이 바뀌었을 뿐이다.

이별은 갑작스러운 폭발이 아니라,
아주 느린 침몰이었다.
눈에 띄지 않게 가라앉다가
어느 날 문득,
더는 바닥이 느껴지지 않는 순간이 온다.
그제야 알게 된다.
아, 이제 정말 깊어졌구나.

다시는 그곳으로 올라갈 수 없다는걸.

나는 이별을 미워하지 않았다.
그건 사랑이 남긴 그림자였으니까.
사랑이 사라지면,
그 자리에 이별이 눕는다.
그건 공허가 아니라 여백이었다.
사람은 여백 속에서 자란다.
울음이 마르면,
그 자리에 새싹 같은 이해가 돋는다.

시간은 잔인할 만큼 친절했다.
그는 천천히 내 기억에서 옅어졌고,
그 자리를 새로운 빛이 채웠다.
그 빛은 다정하지 않았지만,
묘하게 따뜻했다.
그건 새로운 시작이 아니라,
이해라는 이름의 온기였다.

이별은 불행이 아니었다.

그건 마음이 제 자리를 찾아가는 여정이었다.
사랑이 나를 데웠다면,
이별은 나를 단단하게 만들었다.
누군가를 품는다는 건
그 사람의 온도를 내 안에 새기는 일이다.
그래서 떠난 사람은 완전히 사라지지 않는다.
그는 내 안의 시간으로 남는다.
계절처럼 지나가지만,
결국 내 일부가 된다.

오늘 바람이 불었다.
어디선가 익숙한 향이 스쳐 갔다.
나는 걸음을 멈췄다.
그 향은 그리움 같기도, 평화 같기도 했다.
그 순간, 나는 알았다.
이별은 내게 남겨진 벌이 아니라,
사랑이 다 쓴 문장의 마지막 쉼표였다.

이제 그의 이름을 부를 때
가슴이 덜 떨리고, 손끝이 덜 시리다.

그건 잊음이 아니라, 익숙함이다.

그의 목소리는 멀어졌지만

그가 남긴 마음의 파장은 여전히 내 안을 돈다.

이별이란 결국,

사랑이 다른 형태로 머무는 일.

이제는 그 사실이 슬프지 않다.

나는 오늘도 조용히 가슴 위로 손을 얹는다.

그 안에는 아직 작게 뛰는 무언가가 있다.

그건 미련도, 그리움도 아니었다.

단지 살아 있다는 증거였다.

이별은 그렇게,

어느 날 애잔한 가슴팍에 안겨 있었다.

무겁지 않았고, 따뜻했다.

그 품 안에서 나는 알았다.

끝이라 부르는 것들은,

사실 모두 또 다른 시작의 이름이었다.

혼자 하는 이별

너와 함께했던 나만의 공간을, 정리한다.
이미 늦기는 했어도, 이제라도 보내주어야 한다는 것을 알게 되어, 모조리, 모조리 정리한다.
혼자 했던 3년 동안의 사랑을, 정리한다.

네 번호를 지우고, 인스타 팔로우를 취소하는 와중 지난 3년 네가 했던 말이 머릿속을 맴돈다.
'사랑은 준 만큼 돌려받을 수 있대'
도대체 왜 내 사랑은 너의 말에 부합하지 않는 건지.
왜 내 사랑은 돌려받을 수 없는 건지. 애써 머릿속에서 네 말을 지워내 본다.

사진첩을 정리하던 중 발견한 너의 모습은, 내 마음 한구석을 시리게 만들기에는 충분했다. 친구들과 놀러 간 바닷가에서 환하게 웃고 있는 너와, 그런 너를 바라보며 얼굴이 살짝 붉어진 나. 이때 진짜 좋았었는데. 푸른 바닷가에서, 환하게 웃고 있는 너의 얼굴을 확대해서, 하나하나 자세히 보았다. 지워야 한다는 걸 머리로는 아주 잘 알고 있었다. 내 마음은, 도저히 그걸 허락하지 못하고 있을 뿐이었고.

나는, 그래서, 기차를 타고 무작정 그 바닷가를 찾았다. 친구들 속에서, 너와 함께했던, 강릉의 그 푸르렀던 바닷가는, 색을 잃고 허연 거품을 만들어내며, 나를 집어삼킬 듯이 달려오고 있었다. 차라리 저 바다가 나를 집어삼켜 버린다면, 너를 향한 이 마음까지도, 다 나아지려나.

누가 보면 무슨 세기의 사랑이라도 한 줄 알겠다, 슬기야.
우리 사이는 아무 사이도 아니었는데 말이야. 그냥 내가 너를 좋아하고, 너는 나를 그냥 친구로 생각하는, 그런 사이였는데.

그래서, 그래서 이제는 너와 이별해 보려고 하는 거야. 이제 너한테는 너만을 사랑해 줄, 네가 사랑할, 좋은 사람이 있으니까. 어쩌면 마지막까지 친구로 남을 수도 있었겠지. 기다리다 보면 언젠가는 네 옆에 서 있는 사람이 내가 될 수도 있었겠지. 근데, 나는 네가 행복했으면 좋겠어. 내 옆에서는 안 그럴 거 아니까, 그래서 이미 늦은 거 아는데도, 그냥 이별해 보려고. 아마 많이 아프겠지, 그래도, 노력해 보려고.

그저 바다를 멍하니 바라보며, 저 파도가 내 마음까지 씻어내 주면 좋겠다는 생각을, 반복적으로 한다. 네가, 내 마음 밖으로 씻겨 나가, 다시는 돌아오지 않기를, 간절히도 바라본다.

집으로 돌아와서는, 너와 관련되어 있던 모든 물건들을 꺼냈다. 별것도 없네, 뭐. 나는 이 간단한 일을 이렇게까지 미뤘을까. 왠지 텅 비어버린 듯한 마음을 안고선 쓰레기통 앞에 선다.

전해지지 않은 편지, 전하지 못한 마음이, 쓰레기통 속에 처박힌다.

이별도 아닌.

선선한 날씨와, 검은 바탕에, 노란 가로등이 빛나는 가을밤. 그 밑에서, 나는 너에게 한마디 말을 건넸다.

"좋아해"

내 말을 들은 그의 표정은 금세 굳어졌다. 답답하다는 듯이 머리카락을 한 번 쓸어 넘긴 그는, 내게 말했다.

"미안해. 내가 진짜 미안해… 우리 그냥, 계속 친구로 지내자. 이제까지 계속 그래왔던 것처럼."

이 말을 남긴 너는, 뒤돌아 너의 집 방향으로 걸어가기 시작했다. 정말 쓸데없게도, 너는 이런 때까지도, 지나치게 착했다. 차라리 미워한다고 하지, 내가 싫다고 하지. 그랬으면 차라리 마음 접기도 쉬웠을 텐데.

스치는 바람에, 눈물이 배어 나왔다. 내 사랑이, 마음이 보답받지 못해서가 아닌, 멀쩡했던 관계를 내가 망쳐버렸다는 자괴감에, 계속해서 뜨거운 것이 볼을 타고 흘러내렸다.

그 후로, 나는, 다시는 너를 볼 수 없었다. 멀쩡했던 관계를 망친 것에 대한 죄는, 이런 느낌이구나. 예전의 우리 사이가 그리웠다. 그래도 친구라도 되면, 차라리 나았을 텐데. 그래도 가까이서 지켜보고, 챙겨주고, 할 수 있으니까, 차라리 나았을 텐데…

그때로 다시 돌아갈 수 있다면, 나는 너에게 내 마음을 보이지 않았을 텐데. 그러면 이렇게 이도 저도 아니게 멀어지지 않았을 텐데. 아직도 우린 친구일 텐데.

이별도 아닌, 그저 망한 짝사랑 속에서, 나는 눈물을 흘린다.

방황

이제까지 내가 정의한 사랑은 뭘까
이별은 내가 정의해 온 사랑의 공식을 깨고
새로운 공식을 찾으라고 한다.
너무 급작스러워서 아직 나는 방황 중.
나는 사랑이란 것을 해본 게 맞나
이제껏 내가 해온 것들이 사랑이 맞을까
'사랑해' 란 말은 어떤 감정이었는지
생각이 나질 않는다.

사랑과 이별

헤어짐은 늘 아픔을 남긴다.
영원한 이별은 먹먹함과 쓸쓸함으로
오래도록 마음에 머문다.

'헤어짐이 없다면 얼마나 좋을까'
'사랑하는 감정이 변하지 않는다면 얼마나 좋을까'

그러나 역설적이게도 이별이 있기에
사랑의 감정은 더욱 깊어지고 진심을 다해
사랑하는 걸지도 모른다.

사랑과 이별은 늘 함께하는 동반자이다.
세상에 영원한 것은 없기에
아무리 아프고, 아무리 피하고 싶어도

우리 모두는 결국 누군가와 이별을 맞이한다.

그러나 그 이별은 끝이 아니라,
사랑이 남긴 추억의 조용한 흔적이자
또 다른 새로운 사랑의 시작이 된다.

잔향

순수한 천 몇 조각 품고
노오란 얼굴 물들여
가녀린 몸 올곧이 핀
너를 태운다

싱그러운 얼굴 바스러져
그을음 번진 자리에
남겨진 향기마저
끝내 사라지도록

그리고 시작

오늘, 너와 이별했다

네가 나를 떠나는 건
매 순간 사라지는 시간처럼
내 안에서
조금씩 네가 사라지는 것뿐이라고

오늘이 지나 내일이 오는 것처럼
그냥 그렇게
시나브로 놓아주면 되는 거라고

이별은
슬픔이 아니라 성장이라고
질척거리지 말고

기껍게 이별하라고

어제보다 한 뼘 더 자란 너와
오늘도 이별했다.

이별은 아프지만, 사랑의 추억을 남긴다 (이별)

이별은 칼끝처럼 마음을 베고,
사랑은 오래된 사진처럼 빛이 바래고

이별은 흩날린 꽃잎이 길 위에 스러지고,
사랑은 그 꽃향기를 기억 속에 묶어둔다

이별은 숨이 막히도록 차가운 바람,
사랑은 그 바람에도 피어나는 봄의 약속

이별은 오늘의 마음을 덮고,
사랑은 어제의 창을 열어 빛을 들인다

그래서 우리는,
이별에 울고도 사랑을 품고 살아간다.

그런 밤

그런 밤이었어요.

차갑고 하얀 돌벽, 짙은 초록색의 커다란 유리창으로 둘러싸인 건물 3층에서 게슴츠레한 달빛을 받던 날. 나는 구름 한 점 없던 초여름 밤에 M314에서 태어났습니다. 간호사 없이 산모들만이 자리를 채우고 있었던 분만실. 이곳에는 나와 함께 태어난 다른 아이들도 있었습니다. 우리는 각각 다른 엄마들에게서 만들어져서 그런지, 누구는 사람이었고 누구는 동물이었고 누구는 그림자의 모습을 하고 있었습니다. 나는 두 갈래로 동글동글하게 땋은 분홍 머리색을 가진 사람의 모습이었어요. 아주 작은. 다만, 나를 만든 그녀와 내가 다른 점이 있다면, 그것은 내 귀가 조금 더 큰 편이었다는 것과, 내게 소리로 말을 할 수 있는 입이 없었다는 것이었어요. 파란 눈동자와 작은 빛에도 반짝이는 안광을 가진 제 모습은 (솔직히 말하자면) 귀여운 편이었어요. 뭔가 숨겨 둔 비밀 얘기를 다 꺼내놓고 싶은 눈을 가졌다고 해야 할까요?

그녀는 나에게 '너리'라는 이름을 붙여주었어요. 이름 앞에 칭호라는 것도 붙여 주었는데, '걱정 인형'이라는 칭호였던가요. 나는 그게 무엇을 뜻하는지 잘 몰랐지만, 집에 돌아온 그녀가 입꼬리를 올리지 않고 내게 얘기하는 모습이 쌓여가면서 그 칭호가 무엇을 뜻하는지 알게 됐죠, 서서히.

아무튼, 다시 돌아와서, 내가 태어나던 날 밤의 이야기예요. 그녀는 내게 연노란 잠옷을 입혀주고 있었어요. 그러다 옆에 둔 핸드폰이라는 물건에서 네모난 빛이 반짝이는 거예요. 그녀는 빛나는 핸드폰을 들고 밖으로 나가더니 한참을 돌아오지 않았어요. 밤이긴 했지만, 유난히 M314는 추웠던 것 같아요. 으슬으슬 추워질 무렵에 그녀가 돌아왔어요. 핸드폰을 들고 돌아온 그녀는 말없이 내 옷을 마저 입혀주었지만, 슬리퍼

한 쪽을 신겨주다 말고 짐을 챙기기 시작했어요. 그러곤 나를 안고, 분만실을 나갔죠. 어디서 이렇게 차가운 바람이 새어 들어오는 건지, 슬리퍼를 신지 않은 발가락이 오므라들 정도였다니까요.

내가 있던 분만실의 건물 뒤편으로는 야트막한 산이 있었고, 약간 높은 곳에 있었던 건물을 나와 우리는 비스듬한 길을 천천히 내려왔습니다. 중간쯤 내려왔을 때 그녀는 핸드폰으로 노래를 틀었어요. 잠깐 켜진 핸드폰에는 새벽 3시라는 숫자가 떠 있었습니다. 노래를 튼 그녀의 발걸음이 서서히 느려졌어요. 그러더니 곧, 이내, 발걸음을 멈추며 게슴츠레 감긴 달을 한참 바라봤습니다. 핸드폰에서 흘러나오는 노래가 저 달을 닮아 있었던 거 같아요.

내가 태어난 날은 그런 밤이었습니다.

—

나는 그 이후로 바빴어요. 내 몸집이 딱 들어갈 장면 속에서 이리저리 사진을 찍으러 다녀야 했거든요. 나를 만들던 그때처럼 그녀도 밤낮없이 내 공간을 만드느라 바빴습니다. 어떤 공간이었냐면요, 내가 거꾸로 뒤집은 우산을 타고, 강을 건너가는 장면의 공간이었어요. 우산 속에는 제 땋은 머리를 닮은 분홍 털실 공들이 잔뜩 실렸습니다. 이거, 이러다 우산 배가 가라앉지는 않을까? 싶을 정도로 잔뜩이요. 그녀의 이야기를 빌리자면, 그것들은 '걱정 한 묶음'이라고 하더군요. 내 칭호에 맞게, 나는 이 걱정 한 묶음들을 한 보따리 실어서 걱정 섬으로 가는 장면을 찍을 거라고 했어요. 그곳에 가서 애네들을 깨끗이 씻기면, 그 안에 안긴 걱정도 깨끗하게 씻겨 내려간다나요. 걱정이라는 녀석은 물에 녹는 건가 봐요. 그래서 그녀가 매일 아침 씻는 걸지도 모르겠다고 생각했습니다.

사진 찍기를 준비하던 어떤 새벽 아침이었습니다. 쉬지 않고 공간을 만들던 그녀가 갑자기 창문을 멍하니 바라보더군요. 그렇게 한참을 멍하니 있었어요. 곧, 네모난 핸드폰을 꺼내 무언가를 누르기 시작했습니다. 그녀의 양 손가락은 느릿하게 여기저기를 누르다가, 잠시 멈칫하더니 같은 곳을 빠르게 누르다가, 다시 느릿느릿 이곳저곳을 눌렀다가, 손톱을 입에 가져다 대고는 다시 같은 곳을 빠르게 눌렀습니다. 몇 번을 그렇게 반복하고 나서야 핸드폰을 내려놓았습니다. 그녀는 무엇을 한 걸까요? 그녀에게 묻고 싶었지만, 물어볼 수가 없었어요. 나는 입이 없으니까요.

얼마 지나지 않아, 내려놓은 핸드폰에 빛이 반짝, 들어왔습니다. 별똥별에 소원을 비는 사람처럼 행여나 그 빛이 꺼질까 재빠르게 핸드폰을 들어 올린 그녀의 표정은, 묘했습니다. 창가에 멍하니 앉아 있던 그녀는 소파로 자리를 옮겼습니다, 핸드폰을 꼭 붙잡고요.

정말 소원이라도 빌었던 걸까요. 핸드폰이 다시 빛나기 시작했습니다. 이번엔 빛이 꺼지지 않았어요. 핸드폰을 한참 들여다보던 그녀는 그 빛을 귀에 가져다 대더군요. 그리고 무언가 말소리가 들렸던 것으로 기억합니다.

그녀가 그 핸드폰 속 빛과 무엇을 얘기했는지는 잘 기억나지 않습니다. 아주 느릿하고, 또 아주 조심스럽고, 또 여백이 상당히 많았던 긴 대화였다는 것만 생각이 납니다. 전화받은 그녀는 그 작은 소파에 온몸을 구긴 상태였다는 것도요.

그렇게 그녀가 핸드폰 속의 불빛과 이야기를 나누고 난 날부터, 불빛은 매일 그녀의 핸드폰에 찾아왔습니다. 그날로부터 스무일 정도 지난 것 같아요. 그동안 나는 우산에 '걱정 한 묶음'들을 실어 '걱정섬'으로 가는 장면을 찍고, '걱정 한 묶음'들을 하나하나 풀어서 거품 놀이를 하는 장면도 찍었습니다. 노는 것도 아주 일이에요. 거품이 그녀의 마음에 들게 뽀글거리지 않으면 몇 번이고 조금 더 뽀글거려보자며 사진기를 내려놓지 않았거든요. 덕분에 아주 손가락이 빡빡해지도록 거품 놀이를 즐겼.. 아니 즐김 당했던 것 같습니다. 여기저기서 나를 찍던 그녀는 사진기를 한참 들여다보더니, 고개를 끄덕였어요. 마음에 드는 뽀글거림을 찍은 모양이에요. 그렇게 나와 그녀의 사진 찍기 일정은 모두 끝이 났습니다. 그녀는 그날 이후로 분만실에 가지 않았고, 덩달아 나도 분만실에 갈 일이 없어졌습니다. 나는 그날부터 그녀의 집에 쭉 머물렀어

요. 그녀는 소파 옆 한 켠에 내 자리를 마련해 주었어
요. 내 자리는요, 현관문을 바라보고 있어서 누군가
집에 오면 가장 먼저 인사할 수 있고, 누군가 나갈 때
도 가장 마지막까지 인사할 수 있는 그런 자리였답니
다. 뭐, 그래봤자 그 '누군가'는 그녀뿐이긴 했지만요.

—

어느 날이었습니다.

듣기 좋은 빗소리가 토독토독 창문을 두드리는 날이
었습니다. 그녀는 늘어지게 늦잠을 자고 있었어요. 요
즈음 그녀는 아침 11시가 다 될 때까지도 뭉그적거리
는 게 일과니까 아마 11시까지 집 안에는 아무런 별일
이 없을 텐데 어라...? 갑자기 현관문에서 삐삐삐삐-
띠로리릭! 소리가 들려왔습니다. 그녀는 집 안 침대에
있는데, 그럼 저 현관문 소리는 누가 낸 것일까요? 문
손잡이가 내 머릿속 고개처럼 갸우뚱, 하더니 곧 문이
열렸습니다. 네모난 현관문 속에는 낯선 남자가 서 있
었어요. 처음 보는 얼굴이었습니다. 분만실에서도 본
적 없는 얼굴이었어요. 그는 이곳이 익숙한 듯 물방울

이 맺힌 우산을 탈탈 털고 신발장 한쪽에 세워두더니, 신발을 가지런히 벗고 집 안으로 들어와 그녀를 깨웠습니다. 잠이 아직 달아나지 않아 게슴츠레하던 그녀의 눈이 순식간에 동그래졌어요. 그녀가 이렇게까지 눈을 동그랗게 뜨는 모습은 처음이었습니다. 내가 태어나던 날 밤부터 오늘까지, 내가 본 그녀의 모습은 멍하거나, 정신이 없거나 둘 중 하나였거든요. 더군다나 이렇게 입꼬리를 잔뜩 끌어올린 모습은 더욱이요. 처음 보는 얼굴이었습니다. 나는 입꼬리를 가져본 적이 없어 잘 몰랐는데, 입꼬리란 건 위로 끌어올릴 수 있는 거란 걸 처음 알았습니다. 나는 여태까지 입꼬리가 아주 무거운 것인 줄 알았어요. 왜냐하면 그녀는 종종, 자주 내게 말을 거는데 항상 입꼬리가 내려가 있었거든요.

그가 집에 찾아온 이후 그녀의 삶은 조금 달라졌습니다. 일단 현관문 밖을 나가는 일이 많아졌고 항상 비슷한 옷만 꺼내입던 모습에서 되게 반짝반짝한 옷을 자주 입는 모습으로 바뀌었습니다. 그뿐만이 아니에요. 그가 찾아오는 날들이 점차 늘더니 아주 이 집에

그리움은 이별을 닮아간다

서 안 나가는 날이 더 많아졌습니다. 이 정도면 다행인데, 이제는 집에 낯선 이들이 자주, 네모난 현관문 속에서 나타나기 시작했다니까요. 무슨 이야기가 그렇게 재미있는지, 매일 그녀와 이야기꽃을 피우다 늦은 새벽이 되어서야 현관문을 나가곤 했죠. 덕분에 나는 엄청 바빠졌어요. 아무도 듣지 못하는 것 같지만 내 나름대로 오고 가는 낯선 이들에게 인사를 하느라요. 그녀는 모를 거예요. 내가 얼마나 인사를 열심히 하는지요. 낯선 이들 중에서도 이제는 자주 봐서 낯익은 이들이 많아졌는데, 그건 아마도 내 인사 덕일 거예요. 이렇게 오자마자 반겨주고 마지막까지 배웅해주는 내가 있는데, 나라도 자주 오고 싶겠어요!

아, 달라진 점이 또 있어요. 바로 집에서 뭔가 맛있는 걸 해 먹는 날이 많아졌다는 것인데요. 예전에는 매일 계란에 밥 볶고 들기름 뿌린 냄새만 났는데, 요즘에는 멸칫국물에 기다란 떡과 어묵을 빠뜨린 냄새, 몽글몽글한 고기와 부추를 둥그런 밀가루 반죽으로 감싸 끓인 국 냄새, 기름 없이 튀겨보겠다고 밀가루 반죽에 계란물을 바르고 기계에 넣었다가 사방으로 펄럭펄

럭 날아다니는 소리와 함께 난 탄 냄새까지-. 생전 처음 맡아보는 냄새들이 많아졌어요. 나는 이런 달라짐이 은근히 좋았던 거 같아요. 아니, 사실 많이 좋았습니다. 뽀글뽀글한 비눗방울이 매일매일 불어오는 듯한 날들 같았거든요. 그녀도 아마 나와 비슷한 마음이었을 거예요. 그녀의 입꼬리가 항상 올라가 있었거든요. 그걸 '웃음'이라고 부른다는 걸, 집에 찾아온 낯익은 이들과의 이야기를 들으며 알게 되었어요. 이런 날들이 계속 찾아왔으면 좋겠다고 생각하며, 현관문 밖으로 사라지는 이들을 배웅했습니다.

—

네 계절을 한 바퀴 돌아온 9월 어느 날이었습니다.

이상해요. 요즘엔 그가 그녀의 집에 잘 찾아오지 않습니다. 그리고 그녀도 요즘 아주 일찍 나가서 아주 늦게 돌아옵니다. 나는 그녀를 배웅하는 일은 많은데, 맞이하는 일이 많이 줄어들었어요. 그녀를 기다리다가 내 눈꺼풀이 무거워지는 일이 많았거든요. 그래서

그리움은 이별을 닮아간다

인지 나는 요즘 그녀가 어떤 표정으로 하루를 지내는지 잘 모르게 되었습니다. 잘은 모르지만, 그건 분명해요. 그녀는 요즘 전날 입은 것과 비슷한 옷만 주워 입고 나간다는 것만은요. 바닥과 의자 등받이에는 주워 입은 옷과 비슷하게 생긴 까만 티셔츠와 까만 바지가 쌓여갔습니다. 집에서 나는 냄새도, 계란에 밥 볶는 냄새만 풍겼습니다. 들기름 냄새조차 이제는 나지 않아요.

9월은 원래 비가 오지 않는 계절인가요. 듣기 좋은 토독토독 소리라도 창문을 두드리며 찾아와 준다면 좋을 텐데. 그럼 그때처럼 웃음도 함께 찾아오지 않을까요. 네모난 현관문에는 더 이상 불빛이 들어오지 않아요. 네모난 핸드폰에도 불빛이 찾아오지 않는 거 같아요. 게슴츠레한 달빛만이 창문 앞에서 기다릴 뿐이었습니다. 그날 밤처럼요.

모래시계

나는 문득 깊디깊은 갈증을 느꼈다.

기나긴 잠에 대한 갈망인지 너무 오랜 시간 고립되어 맑은 정신을 가진 것에 대한 결말인지 그 경계가 흐려지다 뚜렷해지기를 반복할 무렵, 나는 그 갈증이 무엇인가가에 대해 깨닫는다.

스쳐 지나가는 운명과 우연과 인연들을 믿는가? 나는 그것에 지나치게 집착하는 사람이었다. 내가 놓으면 사라질 관계마저도 놓지 못해 붙들고 있는 미련 넘치는 인간. 뜬 눈으로 모든 밤을 지새는 한이 있어도 관계의 끈을 쥔 주먹 풀지 않는 인간. 누군가는 대단하다고 했고, 누군가는 멍청하다며 손가락질하기에 바빴다. 나는 그러한 인간 한가운데에 오도카니 서서 모든 시선과 질타를 한 몸에 안았다.

모든 것은 그저 단순한 두려움과 애정으로부터 시작된다. 어느 사람은 내게 너무나도 소중했고, 또 어느 사람은 놓치기에 귀한 사람이었다. 그렇게 이유를 붙이고, 하나, 둘, 살을 덧붙여가며 나는 그들이 필요하다는 등의 변명을 늘어놓았다. 붙잡으려 할수록 반대쪽의 어느 인물들은 모두 하나같이 관계의 끈을 가늘어지게만 두었다. 툭치면 끊어질 듯한 그것에, 나는 점점 더, 조금씩, 더, 얽매이고 있었음을.

모든 관계가 중요한 것은 아니었다. 탐탁지 않았으나 놓기에는 눈치가 보여 붙들고 있던 관계가 있었다. 상대는 아주 사소한 실수를 했을 뿐이었고, 나는 옳다구나 관계를 끊어냈다. 끊었다. 내 손으로. 어라, 나는 그 순간 이상한 작열감을 느낀 것이다. 기묘한 해방감이었다.

이상하게도 내가 지나온 모든 길이 부질없게 느껴졌다. 관계의 끈이 끌린 흔적이 이상하게 보였다. 내가 놓는다고 사라질 관계라면, 그것이 우리의 한계라면, 그것은 나에게 필요치 않은 관계였던 것이다. 세상에. 진즉에 깨달았다면 훨 나았을 텐데. 모래쥐듯 손 틈 새로 흘러 내리는 관계는 내가 쥐려 노력했음에 존재했다. 모래시계란 돌리면 처음부터 다시 시작함을 의미한다는 걸 나는 왜 몰랐을까?

어쩌면 이별은 새로운 시작이었다.

민생지원금

이별은 언제나 예상치 못한 시점에 찾아온다.

그날도 별다를 것 없는 하루였다. 뉴스에서는 정부가 새로운 민생지원금을 지급한다고 떠들썩했고 사람들은 각자의 자격을 계산하며 들뜬 표정이었다.

그런데 나는 지원금보다 네가 떠난다는 사실이 더 큰 문제였다.

너는 조용히 말했다.

"이제 우리 그만하자."

그 말이 마치 계좌에 '잔액이 부족합니다'라고 뜨는 문구처럼 내 마음에 박혔다. 순간 숨이 막혔다. 어쩐지 요 며칠 네가 조금씩 멀어진다는 걸 느끼고 있었지만 설마 진짜 끝일 거라곤 생각하지 못했다.

나는 아무 말도 할 수 없었다.

다만 손끝이 떨렸고 네가 두고 간 커피잔 위로 김이 사라지듯 나도 그렇게 식어갔다.

며칠 뒤 정부에서 정말로 민생지원금이 입금되었다는 알림이 왔다.

기분이 이상했다. 모두가 그 돈으로 위로를 받는 듯했지만 나는 그 돈으로 뭘 해도 위로가 되지 않았다.

커피를 사도, 밥을 먹어도, 마음 한구석이 텅 비어 있었다. 문득 이런 생각이 들었다.

이별 뒤의 삶은 마치 지원금처럼 주어지는 것 같다.

갑자기 닥친 어려움을 버티라고 삶이 주는 작은 보상 같은 것

다시 살아가라고 어쩌면 잠시 버티라고

시간이 지나면서 나는 조금씩 그 돈처럼 그 이별의 상처를 쓰며 살아가고 있었다.

비록 사랑은 끝났지만 그 기억으로 인해 내 마음은 조금 더 단단해졌다.

민생지원금은 언젠가 다 쓰게 되지만

이별의 기억은 그렇게 쉽게 소진되지 않는다.

다만 그 기억으로 내가 조금 더 사람을 이해하게 되고 누군가의 슬픔을 헤아릴 줄 알게 된다는 점에서 어쩌면 그것 또한 삶이 내게 준 또 다른 '지원금'인지도 모르겠다.

비연

헤어진 연인과의 관계를
우린 보통 실연이라 부르지만
사실 비연이 아니었을까
잃음보다 슬픔이 나를 더 잠식하던데
나는 이를 눈물이라 칭했다

똑같은 경험에서 나오는 앞뒤 다른 눈물들
어쩌면 서로를 품앗이할 수 있던
마지막 순간을 놓친 것이 아니었을까

새로운 시작의 대가는
커다란 고통이 되었었으니
이 또한 너를 바라본 것이었겠지
네가 중심이었었겠지
나눠진 삶의 일부가 퍼즐처럼 맞춰져
다시 나를 상기했겠지

이별 앞의 우리

무언가와 이별하는 건 참 익숙해지기 어려운 법이다.
살아가는 동안 무뎌질 법도 하는데,
새로운 감정들과 상처들은 쉽게 받아들여지지가 않
는다.

놓아줌과 놓쳐지는 것 사이에서 우리는
스스로 품을 감정과 밀려오는 생각들을 어떻게 받아
들여야 할까.

휩쓸리기도 벅찬 마음과 현실 속에서 감내하고 버텨
야 하는 우리.
우리는 그렇게 또 다른 이별을 준비하며 살아가야 할
지도 모른다.

이별 속의 성장

수많은 이별 속에서 살아남기 위해 열심히 성장해 왔다.
성장한 만큼 이별을 빠르게 받아들이고 다음 인연을
향해 간다.

수많은 이별 속에서 성장하기 위해 어떻게든 살아남
았다.

살아남았으니 이별을 더 잘 받아들일 수 있다.

그러니 더는 겁을 먹고 싶지 않다.

더 잘 받아들이기 위해, 상처받지 않기 위해.

더 단단해져 이별에게 휘둘리지 않기 위해.

이별 후에

이별하고 나면

마음이 허전해진다.

매일 보던 얼굴이 안 보이고,

매일 듣던 목소리가 안 들린다.

인연이 끊어졌다고 실감이 안 난다.

느끼던 손길 아직도 느껴지고,

부르던 이름이 입가에 맴돈다.

시간이 얼마나 지나야

모든 기억이 잊힐까.

헤어진 이가 언제까지 보고 싶을까.

이별한 후에 복잡한 맘속에서

허전함과 그리움이 공존한다.

이별을 하지 못한다

그대가 없는 하루를 상상도 못 한다.

그대가 떠난다면은

그대의 빈자리를 감당하기 어려울 것만 같다.

나의 마음이 부서질까 봐

내가 무너질까 봐 겁이 난다.

그래서 이별을 하지 못한다.

아직도 그대를 사랑한다.

나의 마음속이 온통 그대로 가득하다.

만우절

하는 이야기마다 거짓말처럼 느껴져
너의 말을 믿을 수가 없었어
장난처럼 들리는 너의 말들 속에서
내가 바라던 건, 진심이 아니길 빌었던 마음뿐이었지

이날만을 기다린 듯
너는 내게 듣기 싫은 통보를 전하고
돌아서는 너를, 하릴없이 바라보던 난,
그 자리에 멍하니 서 있는데
이렇게 나를 두고 도망치듯 떠나는 너

돌아서는 널 보며
소리 없는 아우성과 울음만 흘러내리며
힘이 풀려 너를 붙잡을 수도 없는 나는

한없이 너를 원망하며, 나를 원망했어

네가 내게 이별을 말하던 날
얼빠진 듯 만우절일 거라고 믿었어
하지만 너의 말은 장난이 아니었고
그렇기에 더 믿을 수가 없었어

차라리 연기하는 거라고,
몰래카메라라고 말해주길 바랐지만
너의 표정은 연기 같지도,
몰래카메라 같지도 않아서
그 고통은 칼에 베인 상처보다 더욱 깊었어

트럼펫, 나지막이

너를 나로 두고
나를 너로 두고
닮아있는 말투로
담담한 트럼펫

늘 함께한 너 말고는
유리창 밖 풍경
우울한 재즈
테이블 위 하나의 잔
생경함에 흔들리는 밤

나를 나로 두고
너를 너로 두고
탓하지 않고

서로를 두고

호흡마다 날카로운
연주자의 찡그림
어차피 너는 오지 않으니
눈을 감고 나도 감고

한숨처럼 내뱉는 음이
빈 잔 빈자리에
다시 빈 잔 속에
뜻하지 않은 날 두고

추위를 입은 모래 위

더위를 밀어낸 파도
추위를 입은 모래 위
맨발은 시리고
외투는 모자라

해가 내리쬐는 곳
빛을 받은 그곳에
마른 조개껍질을
다시 바다로

내려놓았다
찬 계절에 얼려두게
나 대신 기억하게
담아 두었다

낮게 날던 갈매기 무리
그 사이에 서서
지나간 계절로
돌아간 너를 보며

웃어주었다
하얀 굴곡에 간지럽듯이
일몰에 모든 걸 태우고 나니
아름다웠다

우연

잡으려 해도 그 사이로

전부 빠져나가서

손을 뻗어도 무엇도

잡지 못하는 내 손은

결국 마지막까지 간신히

잡고 있던 것마저

놓쳐버린 채로 허공에 흩어졌다

그렇게 아무리 시도를 해보아도

무리라는 걸 알았기 때문인지

얼마나 시도한지도 모른 채로

끝에 다다랐을 때 마주했던

결말 앞에서도 꽤나

초연하게 있을 수 있었다

예상하고 있던 이별이
단지 조금 더 빨리 온 거라고
내 것일 순 없었던 것을 잠시
바란 것뿐이었다고
그저 우연이었다고.

가둬두었던 두려움

이미 기약하고 있었던 헤어짐에
그렇게 슬픔이 크지 않았던 건
시간이 잠든 곳에
그것들을 이미
내려놓고 돌아왔기 때문일까

가끔 생각이 난다고 해도
흘러가는 물결처럼
아무 일 없었다는 듯이
일상을 보내면서 시간을
끊임없이 지내다 보면
비워져 버렸던 공간을
서서히 채우면서
가둬두었던 두려움도

멀리 날려 보낼 수 있겠지

그때는 꺼내지 못해서
끝까지 묻어두었던
마지막 말과 함께.

이별

이별도 하나의 별이면 좋겠지만
밤 같은 이별에 별 하나 없다.

마주한 그늘은 너무 넓어
추위를 동반해
외려 더위를 찾는 것처럼

혼자 남은 어두움엔
그 어떠한 말 하나도
내 주변이 되지 못한다.

어울린다는 말
어쩌면 함께한다는 말

정말로 내게 잘 어울린다고 말해줬으면
모든 게 해결되는 말

그저 예쁜 옷 하나를 입고 벗는 것처럼
모든 만남과 이별에 계절이 있다면

내년이 되면 모두 가 만날 텐데

어느 하나 앞지를 것 없이
모든 말에는 실수와 사랑이 왔다 갔음을

이별도 하나의 별이면 좋겠지만
밤 같은 이별에 별 하나 없다.

빗물 자국, 눈물 자국

고맙다는 말
사랑한다는 말이 듣고 싶었는데

미안해라는 말로 마음에 멍 들이며
그렇게 너는
서서히 멀어질 준비를 했나 보다

서툴렀던 나와 어설펐던 너는
어긋나고 어긋나며
애써도 너의 곁이 추운 나는
무력하게 손을 놓아 버렸고

저무는 마음이
지는 사랑이 아파서

나는 주저앉아 울고 말았다

순간 속에 영원을 꿈꾸던 시간은
움켜쥔 손가락 사이로
빗물 되어 흐르고

지나는 발소리에도 너일까..

그리운 마음은 빗물 되어 눈물로 흐른다

너만 모르는

구슬피 내리는 비를 보아도
너는 웃고 있고
기쁘게 피워낸 꽃을 보아도
나는 울고 만다

넌 우리의 마지막이
아직 오지 않았다 생각했다
난 우리의 마지막이
여기 와 있음을 알고 있다

해맑게 웃고 있는 네 앞에
너만 모르는 여정을 품고
소리 없이 아파하는 내가 있다.

또 하루를 보내겠지요

오늘도
어김없이 출근을 합니다

화장을 하고 옷을 입고
가방을 챙기고 신발도 신습니다

현관 거울 앞에서
마지막 점검을 합니다

여느 때와 달리
처진 어깨가 있습니다
미소를 감춘 얼굴도 있습니다

애써 어깨를 펼쳐봅니다

힘껏 미소도 장착해 봅니다

여느 때와 같이
현관문을 나섭니다
또 하루를 보내겠지요

여느 때와 달리
내 세상에서
당신 사라진 오늘이라도.

맺음시

죽음으로 인한 사랑의 종결과 이별

저는 비로소 죽습니다.
한철 흐드러졌을 때 곱게 핀 그대 옷자락 한번 스쳐
다행이니
그리 서글퍼 울지 마시기를.

종내 이르게 도래해버린 낙화 일지라도,
아쉬울 것 없으니.
구태여 담아보자면, 주인 잃을 그대 애심이런 지.

여태껏 못다 한 말들을 이제 와 뱉어낸다 하여,
저는 달라질 것이 없으나.
혹여 저 없는 여생의 그대를 너무 붙들어둘까 두려워,

꺼지는 숨 한 켠에 미련을 삼킬 뿐.

그대, 한철 발갛게 물들여 주셨으니.
만일 제게 다음이 있다면.
그대와 다시라는 천운이 있다면.

그땐 수백수천 번 그대의 말간 이름을
굴려보고, 곱씹어 보고, 아쉬울 리 만무할 만큼 불러
보고.
다디단 사랑을 가미하여 그대께 속삭일 수 있기를

저는 비로소 죽습니다.
못다 한 말들과 도래한 낙화를 받들어 끝내 시듭니다.
한철 흐드러졌을 때 곱게 핀 그대 옷자락 한번 스쳐
다행이니
그리 서글피 울지 마시기를.

그대—
사랑한다는 말 한 획, 두 획 곱씹어 꾹꾹 눌러 삼키고는
저는 비로소, 죽습니다.

서툰이별

어제까지 버겁게 내리쬐던 햇살이
오늘은 저녁노을로 가려졌다.

방 안 가득 물든 붉은빛과
찾아온 적막이
너에 대한 기억 하나를 데려왔다.

계절이 그렇듯,
사람의 마음도
어제와 이별을 잘하지 못한다.

이별은 늘 어색하다.
가슴에 묻힌다.
누군가는 덜 힘들다는 사람도 있다는데,

나는 아직 그게 안 된다.
술잔을 들면 괜히 무겁고,
노을이 번질 때면
그 속에서 네 모습이 흩어진다.

시간이 지나면 다 옅어진다던데,
나는
지금도 그쪽으로 발이 먼저 향한다.

말하지 않아도 되는 말들이 있다 했지.
하지만 나는 끝내
무언가를 남기려 했다.
그게 미련이었고, 서   이었다.

노을이 천천히 식어가고 있다.
공기마저 가벼워지는 계절에서
그때와 지금의 차이를 느끼는 게
아마 이별의 과정일 거다.

나는 여전히 서툴다.
잘 보내지도 못하고,
잘 잊지도 못한다.

그래도 언젠가는
조금은 나아질 거라 믿는다.
그렇게 또 하나의 계절과
서툴게, 이별 연습 중이다

이별의 끝맺음

찬 바람이 나의 뺨을 스친다

뺨을 스친 찬 바람은
나의 눈물도 훔친다

부디,
찬 바람이 나의 아픔마저 훔쳐 가기를
흐르는 눈물과 이 감정도 흘러가기를

나를 향하는 너의 아픔과
너를 향하는 나의 감정을
이별이라는 바다에 떠나보낸다

가라앉는 아픔과 감정을 바라본다

더는 펼칠 수 없는 연서에 닿으려
질척한 바다와 한 몸이 된다

나는 아직 너를 버릴 수 없기에
나는 아직 너를 잃을 수 없기에
나는 아직 너를 잊을 수 없기에
나는 아직 너를 그리워하기에
나는 아직 이별을 받아들일 수 없기에

더는 펼칠 수 없는 연서를 끌어안고
검고 상처만 가득한 바다에 가라앉는다

너와의 이별이 영원히 아플 것 같아,
너를 향한 나의 그리운 마음에 의해,
나는 익사했어

우리의 이별의 끝맺음은 익사야.

이별이 아닌 잠깐의 안녕이길 바라,

찬 바람이 귀 끝을 간지럽히던 그날, 싱숭생숭한 마음
으로 발걸음을 뗀다.
자그마치 3년 동안 걷던 이 똑같은 길을 마지막으로
걷는다는 생각에 기분이 오묘해진다.
많이 괴롭기도, 행복하기도 했던 그 장소.
마지막으로 우리 학교를 향해 걸어간다.

학교에 도착하니 평소와 다를 것 없다.
다들 똑같이 웃으며 서로 대화를 나누고 있고, 교복을
예쁘게 빼입고 앉아 있다.
그런 반 아이들의 모습을 뒤로하고, 마지막으로 내 친
구들의 팔짱을 끼고 학교를 둘러보기로 한다.

1층부터 둘러본다. 매일같이 가던 도서관, 맛있기로
소문난 우리 학교 급식실…

익숙하다 못해 질리도록 봤던 풍경이다.

교무실도 들러본다. 3년 내내 뻔질나게 드나들던 교무
실이 이제 끝이라는 사실에 쉽게 들어가지지 않는다.
한참을 복도에서 서성이다가 결국 선생님께 마지막
인사를 드리러 교무실에 들어간다.

'…내가 이리 주저한 적 있었나?'

그제야 깨달았다.
미루고 싶었다. 이 모든 걸.
작별 인사를.
이별을.

매일같이 떠나고 싶다고, 집에 가고 싶다고 외치던…
그 무엇보다 탈출하고 싶었던 우리 학교를, 난 떠나고
싶지 않았다.
원래 깨달음은 늦게서야 오는 것이니, 그 시간들을 더
잘 보낼걸 하는 후회가 밀려온다.
오늘만큼은 시간이 느리게 가길 바랐지만, 야속한 시

간은 그 어느 때보다 빨리 지나가 버린다.

마지막으로 담임선생님과 인사를 하자, 하루 종일 참았던 눈물이 터져 나온다.
이번에는 꼭 울지 않기로 다짐했건만… 또 미련하게 울어버렸다.
새출발이잖아, 끝이 아니잖아 되뇌어 봐도
한번 터진 울음은 그칠 줄을 모른다.

정이 많이 들었던 우리 학교를 떠나가고 싶지 않았기에. 1년 동안 많이 웃었던 우리 반을 떠나가고 싶지 않았기에…
이미 불이 꺼진 반이었지만 차마 집으로 향하는 발을 뗄 수가 없었다.

반을 나서고 학교 계단을 내려가자 실감이 난다.
졸업식이 끝났다.
졸업이 끝났다.
2025년이 끝났다.
진짜로 끝났다.

운동장에서 마지막 인사를 하려 친구를 하나둘 모았다.
다들 다른 곳으로 진학하는 걸 누구보다 잘 알기에,
눈물을 꾹 참고 그들을 보며 웃어준다.
무슨 말을 할지는 몇 달 전부터 고민해 왔지만, 이 순간만큼은 아무것도 떠오르지 않는다.

힘을 내어 마지막으로 한마디 내뱉어 본다.
내 친구에게, 우리 선생님에게, 우리 학교에게.
"이별이 아닌, 잠깐의 안녕이길 바라."

그리움은 이별을 닮아간다

말 없는 이별 연습

말 없는 이별 연습

말하지 않아도 알 수 있었다
공기 속 미세한 균열
우리 사이, 이미 흔들리고 있었다

헤어지자 말하지 않으면서
나는 마음속으로
자연스러운 거리감을 조심스레 그렸다

조금씩 물러나는 그림자
마음속에서 너를 놓으려
발길을 천천히 돌린다

말끝마다 스며드는 긴장

보이지 않는 거리감이

우리 사이를 나눈다

조금씩 멀어지는 손

조용히 놓아주고

마음 깊은 곳에서 너를 비운다

그리움은 이별을 닮아간다

녹색과 바다

화창하던 어느 날
녹색과 바다
그것들을 향했다

사람의 흔적이 만연한 곳
평범한 일상의 연속인 곳에
나만이 이방인이 되어 거니는 일

쫓기지 않았던 시간의 흐름
정돈되지 않은 길과 개방적인 마을
여기서 다 내려놓은 참이었다

과한 기다림 애달픈 추억
모든 것과 연결된 사랑

수평선 너머 보내려던 걸
게워 내지 못해서
내내 체한 마음이었다

여전히 화창했던 아침
그제야 불현듯

비워낸 자리만큼
사랑은 차고 들 것이다

그러니 지나간
그래서 두려운
사랑 그것을 비워낸다

그리움은 이별을 닮아간다

오만까지 사랑이라면

내가 너 없이 못 살 거라는
오만한 말을 뱉은 적이 있다

넌 한 번이라도
그곳에 가본 적이 있니
우리가 보기로 했던
그곳 말이야
내 대답은 아니
그곳에는 약속만 남아있어
너도나도 없이
약속만 덜렁

서툰 사랑은 유치하지
이미 닫힌 문의 걸쇠를

3번이나 확인해 본 적이 있니

'사랑해'라고 했던가
'미안해'라고 했던가
네가 마지막으로 두고 간 말이
이젠 잘 떠오르지 않는다

덜렁 남아
난 너 없이도 잘 살 수 있다
는 착각과 오만
이 덜렁

그대는 세상이 푸르리라고 믿는가

삶은 끊임없이 살아있음을 증명해야 하는 일
살아있음으로 만족할 수 없느냐고 묻는 그대는
아직 이 세상의 보호 아래 자라고 있구나
그래서 그대의 세상은 그리도 푸르고 청을 띠었을까

그것이 그대와 내가 멀어져야만 했던
이유였음은 굳이 전하지 않는다

청은 흑에 가까웠던가 백에 가까웠던가
그대는 정답을 알고 있을까
나는 어느 축에도 끼지 못한다는 것을
그대는 또한 알고 있었을까

나라고 아쉬움이 남지 않았을까

나라고 개운하게 뒤돌았을까

투명에 가까울수록 투영할 수 있는 색이 많거늘
나는 증명해 내기에 바빠
투명 뒤에 증거를 내비치기만 했다

나도 청이 되고 싶다고 말했던가
그대와 같은 색을 띠며
같은 말을 속삭이고 싶었다는 걸
굳이 전하지 않는다

내 세상에 남은 청은
그대가 남긴 그러나 곧 사라질
고작 한 줌의 온기뿐이라
내내 주먹을 꼭 쥐었다는 걸
또한 전하지 않았다

그리움은 이별을 닮아간다

인생은 만남과 이별의 연속이다

아침 햇살이 유리창을 두드릴 때,

우리는 또다시 하루라는 이름의 무대 위에 선다.

새로운 얼굴을 만나고,

어제의 기억과 작별하며,

그렇게 인생은 쉼 없이 흘러간다.

누군가는 미소로 들어오고,

누군가는 눈물로 떠난다.

하지만 그 모든 흔적이 모여

하나의 삶이 된다.

그건 필연이자 선물,

우리에게 주어진 가장 인간적인 이야기다.

어릴 적엔 이별이 두려웠다.

손을 놓는 순간,

모든 게 끝나는 줄 알았다.

하지만 세월은 내게 가르쳐 주었다.

이별은 끝이 아니라,

다음 만남을 위한 숨 고르기라는 것을.

봄은 늘 겨울의 끝자락에서 피어나고,

해질녘의 노을은 또 다른 새벽을 부른다.

삶도 그렇다.

하나의 이별이 새로운 만남의 문을 연다.

그 문을 열 용기를 내는 사람만이

다시 사랑할 수 있다.

때로는 짧은 만남이 긴 세월을 바꾼다.

우연처럼 스친 인연이

운명처럼 마음에 남는다.

그 사람의 목소리, 손끝,

한마디의 말이

세상의 온도를 달리 느끼게 한다.

그러다 어느 날,

그 모든 게 바람처럼 흩어진다.

하지만 이상하지 않은가.

떠난 사람일수록

더 또렷이 기억난다.

그리움은 이별을 닮아간다

그건 그가 나의 한 조각이 되었기 때문이다.

인생이란 결국,

누군가의 흔적으로 완성되는 그림 아닐까.

나는 이제야 조금 안다.

만남은 우연이 아니고,

이별은 운명이 아니다.

그 둘은 서로를 완성시키는 두 개의 강줄기처럼

같은 바다로 흘러간다.

누군가를 만나 웃을 수 있음에 감사하고,

누군가를 떠나보내며 눈물 흘릴 수 있음에 또 감사한다.

그건 내가 여전히 사랑할 줄 알고,

그리워할 줄 아는 살아 있는 존재이기 때문이다.

그래서 나는 오늘도

새로운 만남을 두려워하지 않는다.

그리고 언젠가 다가올 이별도

미워하지 않는다.

그 모든 순간이 모여

나라는 이야기가 완성되기 때문이다.

인생은 만남과 이별의 연속이다.

그러나 진짜 아름다움은

그 반복 속에서 변하지 않는 마음에 있다.

언제나, 다시 만나리라는 믿음,

그 믿음 하나가 우리를 걷게 한다.

그러니 두려워 말자.

만남이 있기에 이별이 있고,

이별이 있기에 우리는 더 깊이 사랑할 수 있다.

인생은 흘러가지만,

그 속의 마음들은 영원히 머문다.

오늘의 인연을 품고,

내일의 이별을 받아들이며,

나는 다시,

삶이라는 이름의 길 위를 걷는다.

무지개를 닮은 이별

이별은 무지개를 닮았다

남자친구의 성격과 장점 개성이 다 달랐고

나이도 다양하고, 외국인도 있었다

나름대로의 매력이 가득했던 인연들

이별의 이유도 각양각색

성격 차이, 문화 차이, 사고방식 차이

좋게 헤어졌든 안 좋게 헤어졌든

이별은 아픈 일이다

무지개의 일곱 가지 색처럼

이별에도 여러 가지 이유가 있다

무지개처럼 이별할 당시에는

아픔과 상처가 크고 진하지만

비가 올 때만 나타나는 무지개처럼

가끔 생각나고

새로운 인연을 만난다

아름다운 이별 연습

우리가 만난 지 오늘로 555일이다.
555일이라니, 꼭 기념일 같지만, 오늘은 기념할 날이
아니다.

널 처음 봤을 때의 네 표정이 아직도 생생하다.
편안해야 할 집에 있으면서도, 너는 갈 곳을 잃은 사
람처럼
무얼 해야 할지 몰라 안절부절하고 있었지.

초점을 잃은 불안한 눈동자, 생기 없는 얼굴,
금방이라도 눈물이 흘러내릴 것 같은 그 표정.
슬픔보다 더 슬픈 얼굴이었다.

나는 그날 마음속으로 다짐했다.

이 아이를 안아주고 싶다고,

이 아이에게 힘이 되어주겠다고.

그리고, 웃음을 되찾게 해주겠다고.

하지만 너는 나를 만난 뒤에도 한동안 변하지 않았다.

네 속을 알 수 없는 얼굴로 침묵했고,

말도 글도 쓰지 않았다.

너는 너의 마음을 어떤 방식으로도 꺼내지 않았고

나는 묵묵히 기다릴 수밖에 없었다.

조금씩 변화가 시작됐다.

너는 좋아하던 커피, 술, 야식을 끊었고

산책을 시작했으며

무엇보다 나를 아침저녁으로 빠짐없이 챙기기 시작했다.

"악몽을 꾸지 않아서 이제는 잠이 무섭지 않다."

라고 말했을 때,

나는 네게 도움이 되었다는 게 참 기뻤다.

그러던 어느 날, 너는 글쓰기 수업을 신청했다.
수강 인원이 이미 가득 찬 상태였는데도,
너는 그 수업에 마음이 갔나 보다.

첫 수업 날, 너는 이렇게 자기소개를 했다:

"안녕하세요. 저는 배성빈입니다.
작년 4월부터 우울증이 생겨 병원에 다니며 약을 먹고 있어요.
예전엔 아무것도 하기 싫고 무기력했는데
요즘엔 뭔가를 하고 싶다는 생각이 들어서
도서관에서 모집 중인 글쓰기 수업에 신청했어요.
사실 전 모집 마감된 프로그램엔 잘 안 신청하는데
이번엔 왜 그랬는지 모르겠어요. 그냥… 하고 싶었어요.
앞으로 수업이 기대돼요."

그 순간, 나는 네 마음을 처음 알 수 있었다.
그리고 널 더 이해하게 됐다.

너는 수업에 열심히 참여했고,

매주 과제도 빠짐없이 제출했지.
가끔 나를 잊어버리는 날도 있었지만,
나는 전혀 서운하지 않았다.

그건 네가 회복되고 있다는 증거였으니까.

너는 점점 네 목소리를 내기 시작했다.
궁금한 것, 감정, 생각, 의견을 표현했고
예전 같으면 마음속에만 담아두었을 말들을
입 밖으로 꺼내기 시작했다.

말하고, 글 쓰고, 자신을 보여주더라.
나는 그런 너를 대견하게 지켜봤다.

네 일상은 조금씩, 그리고 분명히 바뀌었다.
무표정한 시간이 아직은 더 많지만
웃음이 늘었고,
하고 싶은 일도 많아졌다.

도서관 홈페이지를 들락거리고,

평생학습관 프로그램에도 관심을 갖고,
무기력 했던 너는 없고
이제는 계획을 세우고 바쁘게 움직인다.

너는 네 우울을 이겨내고 싶어 했고
정말 많은 노력을 했다.
그리고 그 노력은 결실을 맺었다.

글쓰기 수업에서 썼던 글이 책으로 출간되고
호기심에 등록한 연극 수업은 12월에 공연을 앞두고
있다.

너의 변화가 네게 가장 기쁜 일이겠지만
나는,
그런 너를 보는 것만으로도 기쁘다.

이제 너는 깊은 우울에서 벗어나
세상으로 나아가고 있다.
아직 모를 수도 있지만
나는 너와 곧 헤어질 준비를 하고 있어.

물론 한 번에 되진 않겠지.

우리, 천천히 이별하는 연습을 해보자.

그리고 그날,

정말 기분 좋게 웃으며 헤어지자.

이런 걸 아름다운 이별이라고 하는 거겠지?

그래,

우리 세상에서 가장 아름다운 이별을 하자.

바람의 자리

옅게 흩어지는 바람.
바람에 실려
너의 향기가 사라져 간다.

나는 바랄 수 없다.
나와는 다른 곳을 바라보는 너를.

바라고 싶던 마음이
바스라지고 있다.

이제는 기대조차 지쳐버려서,
않겠다.
다짐한다.

아직 그곳에

찬바람이 불어올 때
시린 저편의 기억이
나를 흔든다.

찬 바람이 차창을 때리고
짧은 숨이 유리 위에 닿아
하얗게 번진다.

서로를 향해 던진
담아낼 수 없던 칼날들
손끝에 남아있던 온기가 부딪히고

문틈으로 새어 나오는 겨울이
너무 일찍 와버린 건 아닐까

이내 창밖으로 내던진 발끝
멀리서 바라본 창 너머의 세상엔
내가 죽어있다.

그때 던져진 하루의 시계는
멈춰버린 채 식어가고
다시 또 겨울을 맞이한다.

바람이 지나간 자리에
하나둘 녹아 흐르는 눈송이
난 여전히 그 위를 걷고 있다.

우주정거장

매일이 너무 힘들어
모든 것에 지친 당신은
별에 가까워지고 싶어 했다
하지만
우리를 너무 사랑했던 당신은
우리와 함께하고 싶어 했다
그래서 당신은 우주정거장에 멈춰 섰다

우리에게 일상을 공유하고
함께 놀고 싶었던 당신은
아이로 돌아갔다

저 멀리 떠나지 않아서 고마워
우리가 당신을 만날 기회를 줘서 고마워
당신이 줬던 사랑
최선을 다해 돌려줄게

이별은 이 별이다

이별은 이 별이다.
저 위에 이 별처럼,
잡을 수 없는 것이니까.
이별은 이 별이다.

이별에 이별을 바라보며
별들에게 이야기해 본다.
이 별들에게 이별에 대해서 말해본다.

하늘 위 이 별들을 쳐다보니
이별이란 게 수도 없이
많은 것임을 깨닫는다.

이 별들을 보면서

별들 속에
마음을 쏟아내 버린다.

쏟아질 듯한 이별들을
두 눈에 가득히
오랫동안 담다 보니까
어느새 눈동자에
이 별들만 한 눈물 별들이 가득 고인다.

이별은 이별이니까,
이별은 이 별이다.

가벼운 안녕

아끼던 인형이 찢어졌을 때
솜털은 바람을 타고 나풀거리며 하늘 위로 사라지고

껍데기만 남아버린 그 인형을
나는 가볍게 끌어안고 있었다

까만 코와 눈이
언젠가 꿈이 나와서
위로해 주길 바랐다
그것이 악몽이 될 수 있다고 믿었다

선물 같던 너와의 끝

너와의 모든 순간이,
너와 함께했던 모든 기억들이,

이제는 서서히 사라져가고 있어.

너한테서 나던 은은하고도 유혹적인 로즈 향도,
너한테서 받아먹었던 달달한 체리 사탕도,

이제는
서서히 잊혀져만 가고 있어.

너와의 특별한 만남은
나의 삶을 송두리째 흔들어놓았고

너와의 영원한 이별은
나의 삶을 송두리째 뽑아갔어.

그렇게 나는
너만을 그리워하며 살아가.

이별은 그런 거야.

사소한 너와의 기억들,
사소한 너의 특징들이

너무나도 세게 다가와
나의 심장을 찢어놓거든.

절대 잊지 않을 거야.
너와의 모든 순간을,
너의 그 모든 모습을,

그리고,
너라는 선물을.

포레스트 웨일 공동 작가

그리움은 이별을 닮아간다

초판1쇄 인쇄 2025년 11월 10일
초판1쇄 발행 2025년 11월 10일

지은이 최나연 | 이겸 | 남화정 | 류광현 | 연지 | 꿈꾸는 쟁이 | 김유신
설린 | 마림 | 명랑소녀 | 이연화 | 류령 | 글 새벽 | Starlit w
강대진 | 참새 | 김한결 | 김지빈 | 이나라 | 김상현 | 김영훈
이서윤 | 김주환 | 신정현 | 동네과학쌤 | 이소은 | 최이현 | 편런
한제이 | river_dia | 한유나 | 글쓰는 몽상가 LEE | 갈곳 | 이노
안현희 마리스텔라 | 숨이톡 | 고원(혜린) | 조현민 | 백작(白作)
공대시인 | 주변인 | 昀[햇빛 윤] | 영지현 | 이다솔 | 아낌 | 이상현
마음률 | 벚꽃 숲 | 최이서 | 해원[전갈마녀] | 비온담 | 회색
휘연 | 김예빈 | 박서연 | 하형정 | 안세진 | 승현 | 루미영 | Elise
새벽(Dawn) | 손아정 | 문순천 | 김감귤 | 기정윤 | 하나언
오렌지움 | 사워렌 | 반 | 소예찬 | 하린 | 김혜지/헬리아 | 김종이
너리 | 백희원 | 임영균 | 유 연 | 송련희 | 배성빈 | 윤아정 | 김감귤

디자인   포레스트 웨일
펴낸이   포레스트 웨일
펴낸곳   포레스트 웨일
출판등록 제2021-0000 14 호
주소   충청남도 아산시 탕정면 용머리길 40 유니콘101 216호
전자우편 forestwhalepublish@naver.com

종이책   979-11-94741-66-4
전자책   979-11-94741-65-7

작가님들과 함께 성장하는 출판사
포레스트 웨일입니다.
작가님들의 소중한 원고를 받고 있습니다.
forestwhalepublish@naver.com